젠틀마인드

남 자 를 위 한 마 음 관 리 법

젠틀마인드

GENTLE MIND

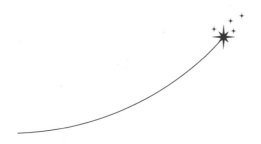

나보다 우리를, 현재보다 미래를, 휴식보다 일을

선택해야 했던 그들을 위하여

두 번째 삶은 진심이다

남자가 중년이 되면 갑자기 눈물이 많아진다는 말이 있다. 나름 정신력으로 삶을 다잡고 2, 30년을 끌고왔지만, 해마다 나이가 들수록 몸 근육이 흐물거리듯 감정을 잡고 있던 뇌 근육도 힘이 풀린다. 어쩌면 약해져가는 나를 몸이 먼저 알아차리고 이제 타인들과 감정을 나누라는 돌봄의 신호를 보내는 것일 수 있다.

반대로 중년이 되면서 눈물은커녕 웃음마저 잃어버리는 사람도 있다. 오랫동안 사회화되는 과정 속에서 '감정적'이라는 단어가 '이성적'이라는 단어의 방해물로 느껴온 탓에 불필요한 감정소모는 가급적 피해왔다. 그러다 보니 감정을 느끼는 뇌도 자연스럽게 퇴화해버렸다. 어느새 둔감한 남자, 냉정한 남자, 그저 무뚝뚝한 중년 아저씨만이 남았다.

감정뿐 아니라 생각의 뇌도 굳어져간다. 이제 새로운 것보다는 익숙한 것이 편하다. 넘쳐나는 정보의 홍수 속에서도 오랜 시간 쌓아온 내 경험이나 신념의 프레임은 굳건하다. 세상을 보는 나만의 필터가 되어 빠르게 정보를 걸러내어 결론을 내려준다.

또 기억력, 창의력, 계산력 등 머리 쓰는 힘이 예전 같지 않음을 느낀다. 미국의 심리학 잡지 〈Psychology Today〉에 의하면 인간은 45세부터 기억력 감퇴와 학습 능력이 저하되고, 사고의 민첩성이 매년 4~5%씩 감소하는 것을 느끼기 시작한다고 한다. 어쩌면 중년이 되어 꼰대로 보이는 이유는 마음의 힘이 떨어지고 뇌가 굳어지는 것을 감추기 위한 방어기제로 발휘되는 일종의 아집일지도 모르겠다.

마음도 관리나 운동을 하지 않으면 나이 들수록 퇴화 속도가 빨라진다. 그런 중년에게 요즘 세상의 변화 속도는 벅찰 때가 많다. 변동성이 높고, 불확실하고, 복잡하고, 모호한 환경을 따라가다 보면 머리도 아프고 마음도 지친다. 대처할 방법도 잘 모르겠다. 그저 지금까지 해왔던 대로 묵묵히 버티고 또 버틸 뿐이다. 겨우 버티고는 있지만 마음은 늘 복잡하다. 신체 노화와 질병을 하나씩 몸소 경험하기 시작하면, 일상에서도 걱정과 불안이 그림자처럼 찾아아온다.

직장을 다니든 사업을 하든 나는 몇 년을 더 일할 수 있을까에 대한 계산이 항상 머릿속에서 돌아간다. 가족에 대한 책임, 은퇴 후 삶의 수준 같은 진지하고 무거운 질문을 마주해야 한다. 마음이 이렇게 자꾸 떠다니다보니 현재 삶에 대한 몰입이나 만족감도 부족함을 느낄 수밖에 없다. 그래서 우울감이나 무기력감이 마음에 자리를 잡고 점점 자라기 시작한다.

그러다 문득 누군가 "요즘 별일 없어?"라고 물어보면 "괜찮다"라는 한마디로 힘든 마음을 감춘다. 안 그래도 외로워지고 사회생활이 불안해지는 시기에 불안한 마음까지 들키고 싶지는 않다. 그렇게 모르는 척, 괜찮은 척 돌보지 않은 마음은 점점 무뎌지고 둔감해져 나조차 내 마음을 알아차리기 어렵게 되어버린다.

중년이 되어서도 마음 관리를 하지 않으면 어떤 문제가 생길까?

첫 번째, 자기인식이 어렵다. 내가 어떤 상태인지, 다른 사람에게 어떠한 영향을 끼치고 있는지 알아차리지 못한 채로 자신이 해왔던 행동 패턴을 반복한다. 내 감정과 그와 관련된 생각을 제대로 인식하지 못하니 그로 인한 자신의 행동을 알아차릴 리 만무하고 당연히 변화하기는 더욱 어렵다.

두 번째, 타인의 마음이 보이지 않는다. 내 마음도 보기 힘든데 다른 사람의 마음을 헤아릴 여유는 더욱 없다. 주변 사람들이 감정, 가치, 행복 등 속 깊은 이야기들에 관심을 가질 때에도 공감은커녕 소통이 어렵다. 그렇게 멀어지다 꼰대가 되고, 혼자가 된다. 그렇게 둔화된 마음은 주변 사람들을 힘들게 하는 경우가 많다.

세 번째, 합리적인 의사 결정이 힘들어진다. 마음이 복잡하면 정보를 제대로 인식하기 어렵고 시야가 좁아져서 다양한 대안을 보기가 힘들어진다. 또 복잡한 마음은 관리하지 않으면 부정적인 생각과 감정들이 잡초마냥 알아서 자라난다. 그렇게 나만의 필터를 바탕으로 정보를 거르고, 익숙한 패턴대로 늘 하던 방식으로 의사 결정을 하다보면 경험은 확신이 되고 확신은 신념이 되어 또 다른 경험을 만든다. 그리고 그 경험을 다른 사람에게도 강요하는 순간, 꼰대라고 불리는 옛날 사람이 되어버린다.

마음을 관장하는 뇌도 몸이다. 나이가 들면 노화한다. 긍정적인 생각과 감정을 의도적으로 훈련하면 마음도 젊고 건강하게 유지가 가능하다. 그래서인지 요즘은 기업에서도 마음 관리, 마음챙김 같은 프로그램에 관심이 높아졌다.

우리는 지난 10년 동안 기업 현장에서 리더와 구성원 대상의 긍정심리와 마음챙김 프로그램을 진행했다. 특히 중년 남성을 대상으로 마음 관리 워크숍을 진행하다보면 다양한 유형을 만난다. 그 유형을 보면 크게 5가지 정도로 구분할 수 있다.

1. **마음포기형** : 마음 그까짓 것, 참으면 되고, 신경 쓰지 않다보면 괜찮아진다고 믿는다.
2. **마음마취형** : 스트레스는 어쩔 수 없다. 술이나 담배로

하루하루를 견딘다.

3. **내맘대로형** : 넷플릭스 보기, 멍 때리기, 애완견 눈 마주치기 등 효과는 모르겠지만 나만의 관리 방법이 있다.

4. **마음아픔형** : 아픈 것도 서러운데 주변 몰래 심리상담이나 정신의학과 치료를 받고 있다.

5. **마음건강형** : 평소 마음 건강에 관심이 있고, 자연스레 마음 건강을 위한 생활 습관이 몸에 배어 있다.

많지는 않지만 마음건강형을 만나면 느낌 자체가 다르다. 그들을 보고 있으면 '젠틀하다'는 말이 바로 떠오른다. 단순히 젠틀맨 같은 이미지를 이야기하는 것이 아니다. 몸이 건강한 사람을 만나면 활력이 넘치는 것처럼 마음을 잘 관리하는 사람을 만나면 기본적으로 부드러움과 따뜻함이 느껴진다. 그리고 그 마음은 행동과 말, 표정에서도 나타난다.

'무뚝뚝한', '꼰대 같은', '무기력한' 수식어 대신 '부드럽고', '따뜻하고', '위트 넘치는' 중년들이 있다. 거친 사회생활 속에서도 거칠어지지 않고, 나이가 들수록 더 젠틀하고 멋진 어른이 되어가는 사람이 있다. 아마 그들의 차이점은 자신의 마음을 돌보고 관리할 수 있는 '젠틀마인드'를 가졌다는 것이 아닐까?

당신 주변의 '젠틀마인드'를 가진 사람들을 떠올려보자. 대부분 그들은 주변 사람들에게 잘 공감하고, 친절을 자주 베풀고, 늘 미소를 지을 줄 알고, 자신 만큼이나 다른 사람을 존중하며 행동한다. 그래서 연령대와 상관없이 주변에 사람이 모이고, 일상 속에 좋은 일들이 많다.

반가운 소식은 뇌과학과 심리학이 빠르게 발전하면서 마음 관리에 대한 콘텐츠가 풍부해지고 있다는 것이다. 자신의 마음이 어떻게 작동하는지 알 수 있는 서적들도 많아졌고, 특히 스스로 마음을 관리하고 마음 건강을 증진하는 방법들도 많이 연구되고 있다. 이는 '젠틀마인드'를 가질 수 있는 과학적인 방법들이 소개되고 있다는 뜻이기도 하다.

'젠틀마인드'는 텍스트가 아닌 경험이 되어야 한다. 10년 동안 기업 현장에서 긍정심리와 마음챙김 프로그램을 진행하면서 긍정적인 생각과 감정을 의도적으로 경험하는 방법과 내 마음의 작동 원리, 마음이 방황하지 않고 현재에 머무는 방법을 교육하면서 다양한 리더와 구성원의 생생한 이야기를 들을 수 있었다.

이 책은 그 현장에서 만나온 익명의 중년 남성들의 이야기에서 시작한다. 그 이야기 속에 자신의 마음을 점검할 수 있는 심리학 기반의 이론과 인사이트를 '마음 체크업'에 담았다. 그리고 스스로 마음 건강을 위해 실천할 수 있는 방법과 일상의 활력을 줄 수 있는 습관들을 '마음 피트니스'에서 소개한다.

마음도 몸처럼 관심을 가지고 운동하면 좋아진다. '일-관계-나'라는 영역에서 내 마음을 들여다보고 점검하고 마음 운동을 해보자. 그 과정에서 마음이 따뜻해지고, 부드러워지고, 주변 사람들에게 기분 좋은 영향을 주는 젠틀마인드가 만들어질 것이다.

박정효, 우보영

PART 1

일을 하는 마음

일은 단순히 돈을 버는 수단이 아니다. 나를 찾아가는 수단이기도 하다. 예전에는 요즘처럼 자아를 탐색할 기회가 많지 않았고, 나 자신을 들여다본다는 개념조차 낯설었다. 그도 그럴 것이 우리나라는 OECD 국가 중 가장 오랜 시간 일하는 나라 TOP 3 안에 매년 들어갈 정도로 하루 대부분을 일터에서 보내는 게 당연했다.

조직에 들어가는 순간 나의 첫 번째 사회적 정체성이 갖춰졌고, 함께 일하는 사람들의 모습에서 나를 찾아가고, 내가 하는 일이 곧 나였다. 돈을 얼마큼 버는지를 떠나 일, 동료, 조직이 바로 나의 일부, 아니 어쩌면 전부였기에 일에 쏟는 시간만큼이나 일이 인생에서 차지하는 무게감도 컸었다.

하지만 시대가 달라졌다. 이제 일에 관한 가치와 방식도 많이 바뀌었다. MZ세대, ESG*, 재택 근무, AI 면접 등 근무 환경뿐 아니라 일에 대한 본질적인 관점까지 변

• • •

* 기업의 비재무적 요소인 환경(Environment), 사회(Social), 지배구조(Governance)를 뜻하는 말로, 기업 활동에 친환경, 사회적 책임 경영, 지배구조 개선 등 투명 경영을 고려해야 지속 가능한 발전을 할 수 있다는 철학이 담겨 있다.

하고 있다.

최근 코인, 유튜브, 주식 등으로 파이어족*이 된 젊은 세대의 이야기가 자주 들린다. 특히 코로나 시기와 맞물려 시장의 현금유동성이 높아지면서 투자를 처음 시작하는 사람도 쉽게 달콤한 수익을 맛보았다. 그러자 이제 힘들게 일해서 버는 소득이 초라한 취급을 받게 됐다. 그러다보니 이미 반평생 넘게 직장에 몸을 담고, 일을 통해 자아정체성을 형성하고, 자산을 쌓아왔던 중년들에게는 파이어족이 꿈이라고 당당하게 외치는 젊은 세대가 낯설고 불편하다.

물론 파이어족이 청년실업률, N포 세대, 수저론 같은 사회문제에 적응하고 생존하기 위한 결과임을 안다. 사실 '나도 젊었을 때 일찍 투자에 눈을 떴더라면 지금쯤 이미 파이어족이 되어 여유로운 은퇴 생활을 즐기고 있었을 텐데' 하며 일말의 아쉬움을 느끼는 사람도 있을 것

...

* 경제적 자립을 통해 빠른 시기에 은퇴하려는 사람들을 뜻하는 말로, 경제적 자립(Financial Independence)과 조기 퇴직(Retire Early)의 첫 글자를 따 만들어진 신조어이다.

이다. 또 '나를 위한 투자나 가족과의 여유 시간에 조금 더 집중했다면 어땠을까' 푸념을 내뱉기도 한다.

하지만 이제 이 변화에 적응해야 한다는 사실에는 동의한다. 일을 경제적 자립의 수단으로만 보는 관점에는 걱정과 우려가 앞서지만, 삶과 일에 균형을 맞추고 일찍이 재테크에 관심을 가지며 자신에 대한 투자를 아끼지 않는 젊은 세대를 보며 변화를 다짐한다.

그러나 변화에 동의하는 것과 마음이 변화에 익숙해지는 것은 다른 이야기다. 사실 변화의 속도에 내 마음이 따라가지 못한다는 생각이 들 때가 많다. 변화에 딸려오는 걱정, 불안, 우울, 무기력 등 부정적인 감정들이 하나둘씩 쌓여 그 무게감이 두려움과 게으름만 늘려낸다.

재정비 시간이 필요하다. 일에 대한 관점과 마음가짐을 다시 볼 때다. 지금 하고 있는 일을 잘 마무리하고, 미래에 하고 싶은 일도 잘 찾아야 한다. 그렇다면 지금 일상에서 마음 건강하게 일하는 방법부터 찾아보자.

다행히도 최근 심리학과 뇌과학이 발전하면서 마음 작동법에 대한 베일이 하나씩 벗겨졌고, 몸을 챙기고 운동을 하는 것처럼 마음을 챙기고 마음 운동을 할 수 있는 방법들이 대중화되고 있다.

누구나 인생에 한 번쯤은 열정적이었던 순간이 있다. 돌이켜보면 그때 오히려 마음이 행복했다. 나는 어떻게 그렇게 열정적이었는지 그때로 돌아가고 싶다는 생각도 종종 한다. 할 수 있다. 앞만 보고 달려오느라 한 번도 제대로 눈길 주지 못했던 마음을 들여다보자. 그럼 내 일이, 그리고 내일이 다시 보일 것이다. 행복하게 일하는 당신이 행복한 남자다.

CHAPTER 1

출근길
"회사 가기 싫을 땐 출근 여행이다"

◀

새벽 5시, 비몽사몽 손을 뻗어 시끄러운 알람을 끄고 다시 눈을 감는다. 이걸 몇 번 반복하다 겨우 눈을 뜨고 잠도 깰 겸 루틴처럼 휴대폰으로 인터넷 뉴스를 빠르게 훑어본다. 몸은 천근만근인데 이 시간만큼은 1분이 1초 같다. 출근 준비의 한계 시각에 다다라서야 서둘러 준비를 마치고 집을 나선다. 뭔가 중요한 걸 집에 두고 온 것 같지만 이 찝찝함도 지옥철을 가득 메운 이산화탄소에 금세 휘발된다.

지금 자유롭게 움직일 수 있는 것은 두 눈과 두 손뿐이다. 휴대폰을 코앞에 두고 잠시 인터넷 세상에 빠져든다. 머지않아 자율주행차가 상용화되고, 일부 지역에서는 정해진 경로로 자동 운행하는 셔틀버스를 시범 운영한다는 뉴스가 보였다. 새로운 기술 발전이 놀랍고 기대되기도 하지만 이제 운송 기사의 직업 수명이 얼마 남지 않았다는 걱정이 뒤따라온다. 어쩌면 내가 지금 하고 있는 일도 기술의 발전으로 곧 자동화 시스템이나 AI로 대체당하지 않을까 하는 우려와 함께 회사에 도착한다.

20년 차 직장인, 어느 새 나의 일상은 사회생활에 최적화되었다. 불확실한 변수를 최대한 없애려고 노력했고 안정적인 삶을 꿈꿔왔다. 세상은 빠르게 변하고 있지만 나의 하루는 가장 안전하고 익숙한 경로로 설정된 듯 아무 생각 없이도 정해진 루틴대로 잘 지나간다. 나의 일상도 아침에 본 뉴스처럼 이미 자동운항 모드가 켜진 채로 돌아가는 것 같다.

그런데 마음의 변수를 미처 예상치 못했다. 하루하루는 어떻게든 넘어가고 있는데 마음은 자꾸 불안하고 걱정이 많아진다. 마치 정해진 목적지를 자율주행차를 타고 갈 때처럼 몸은 편하지만 마음은 혹시나 사고가 나진 않을까 안절부절못한다. 이 차를 언제까지 탈 수 있을지, 내가 다시 스스로 운전하는 방법을 잊어버리지 않았을지, 마음은 이런저런 생각으로 가득하다.

　오늘이 어제 같고, 내일도 어제 같은 반복되는 일상 속에서 몸과 마음이 따로 놀 때가 점점 늘어난다. 앞으로 나의 노후는 어찌될지, 언제까지 이 회사에 있을 수 있을지, 퇴직 자금은 충분한지 등등 미래에 대한 걱정과 고민이 끝없이 맴돌고, 그때 다른 선택을 했으면 지금 어땠을까 하는 과거의 과오나 아쉬움에 마음이 가 있기도 한다.

　'나'는 우리 회사 김 부장일 수도 있고 이 상무일 수도 있고 박 대표일 수도 있다. 내 몸은 쉬고 있는데 마음은 쉬지 못할 때가 많다. 반대로 몸은 열심히 일하고 있는데 마음은 저 멀리 달아나버릴 때도 있다. 몸을 돌보라고 하면 운동을 하고 영양제를 먹고 휴식도 취하는데, 내 마음의 혼란스러움과 방황은 어떻게 멈추는지, 어떻게 돌보는지 모르겠다. 힘든 내색을 하지 않는 방법은 눈치껏 익혔지만 요즘 같이 걱정과 불안감으로 무거워진 마음을 어떻게 대처해야 될지는 아무도 알려주지 않았다.

　나도 회사 가기 싫을 때가 있다. 너무 오랫동안 켜놓은 출퇴근 자동운항 모드는 이제 내 마음과는 상관없이 매일 작동한다. 나도 하루쯤은 마음 가는 대로 살고 싶은 충동이 들지만, 그러기엔 너무 철이 들어버렸다. 아니, 어쩌면 출퇴근하지 않는 나를 떠올리는 게 더 막막하고 걱정스러운지도 모르겠다.

출근길의 모습이 생생하던 시절이 있었다. 마치 처음 도로에 나간 초보 운전자의 마음처럼 긴장되지만 설렜고, 낯설지만 모든 것이 새롭고 흥미로운 출근길이었다. 출근길의 풍경과 사람들이 아직도 기억나고 그 시절의 건물과 사무실, 그리고 내가 마주쳤던 사람들이 마음속에 남아 있다. 지금은 너무나도 익숙해진 출근길. 그러고보니 표정 없이 고민만 가득한 중년의 한 남자, 주변은 전혀 보지 않고 정해진 길만 걷고 있는 내가 보인다.

마음 체크업

마음은 효율적이다. 행동을 무의식적으로 반복하게 만들고, 필요한 정보를 선택적으로 취하기도 한다. 일상을 들여다보면 머릿속으로 다른 생각을 하면서도 할 수 있는 행동들이 많다. 특히 아침 시간은 거의 자동운항 모드가 켜진다. 알람 소리에 얼굴을 찌푸리며 몸을 일으키는 순간부터 씻고, 옷 갈아입고, 휴대폰으로 밤새 일어난 바깥세상 소식을 살피며 현관을 나서기까지 오래 직장인 생활을 했다면 매일 아침 풍경이 똑같을 것이다.

출근길, 우리의 마음은 어디에 있을까? 우리 회사 김부장은 어제 면담에서 말이 통하지 않았던 김 대리를 어떻게 해야 할지 고민 중이고, 이 상무는 최근 이직하고 싶은 스타트업 회사에 벌써 마음이 가 있고, 박 대표는 다음 달 매출 증대를 위한 온갖 방법을 궁리하고 있다. 우리에게 아침 출근길만큼 이런저런 생각하기에 좋은 시간은 없다.

심리학자들은 이런 순간을 '잡념이 생겼다'고 말한다. 영어로는 마음이 방황한다는 뜻에서 'Mind wandering'이라고 한다. 마음이 몸과 함께 있지 못하고 과거나 미래의 순간으로 떠나 있다는 것이다. 물론 반복되는 일상의 지루함을 줄이기 위해 여러 가지 시나리오를 그려보는 과정일 수도 있다.

하지만 심리학자들은 잡념에 빠진 사람들은 그 순간에 행복하지 않다고 이야기한다. 하버드대학 심리학 교수

다니엘 길버트Daniel Gilbert는 행복추적연구에서 사람들이 보내는 일상 중 47%는 현재에 마음이 없는 마음 방황 상태에 있고, 이 상태에서는 대부분이 행복하지 않다는 것을 발견하였다. 온종일 회사에 앉아 시간을 보내고 있지만, 마음속은 쓸데없는 걱정과 근심으로 가득 차 현재에 제대로 집중하지 못한 경험이 있다면 공감할 것이다.

마음 전문가들도 마음 방황의 문제점을 지적한다. 실제로 마음이 현재와 다른 시점과 영역에 머무르고 있는 경우, 현재에 대한 정보 인식이 떨어지게 된다. 가끔 내가 어떻게 회사에 왔는지조차 인식하지 못할 만큼 다른 생각에 정신이 팔려 있을 때가 있다. 시끄러운 머릿속과 달리 자동운항 모드가 켜진 내 두 발이 나를 회사로 알아서 안전하게 모신 셈이다.

마음 방황 상태에 빠지면 그 순간만큼은 주변 상황에 까막눈이 된다. 마음이 방황할 때면 매번 같은 옷을 입어도 단추가 떨어진 것을 뒤늦게 발견하거나, 다 쓴 치약을 계속 억지로 짜거나, 세차할 때가 되어도 신경 쓰지 못할 때가 있다. 즉 눈앞에 문제가 생겨도 보이지 않거나 좀처럼 나아지지 않는 일상이 반복되는 상태가 되는 것이다.

출근 시간에 마음 방황을 멈추는 방법은 의외로 간단하다. 자동운항 모드를 잠깐 끄면 된다. 자신이 매 순간 어떤 상태인지 스스로 점검하는 것이다.

아침에 양치질하는 순간을 예로 들어보자. 거울을 한 번 보고, 칫솔에 치약을 짜고, 나름 정해진 순서에 맞춰서 이를 닦고 자기 스타일대로 입을 헹군다. 이 행동을 하루 3번 30년만 해도 평생 동안 대략 32,850번을 반복하는 것이니 자동운항 모드가 저절로 딸깍 켜질 수밖에 없다. 어느 날 갑자기 잇몸에서 피가 나거나 치통이 느껴지지 않는 이상, 이 시간에 내 마음은 항상 짧은 방황을 한다. 오랜만에 꾼 꿈을 혼자 해석하기도 하고, 오전에 있을 미팅 안건을 미리 체크하기도 하고, 오른 대출 이율로 인한 가계 걱정을 하기도 한다.

바로 이때 잠시 자동운항 모드를 끄고 양치질에 집중해보자. 칫솔이 치아 위아래를 오가고 잇몸에 닿는 모든 순간순간을 경험하고 그 감각을 알아차리는 것이다. 내가 양치질을 처음 해본다고 생각하면 더 쉽다. 평소보다 조금 느려지고 어색하고 불편할 수 있다. 그래도 그 감각 경험에 집중해서 수동모드로 직접 이를 닦아본다.

직접 해보면 할 말이 많아진다. '내가 생각보다 안쪽 치아를 양치질하지 않았고, 지금 쓰는 치약의 맛과 향이 별로이고, 칫솔의 솔은 이미 닳을 대로 닳았고, 입을 헹구는 물컵에 물때가 끼여 있네. 이참에 양치질 도구도 교체하고, 이 닦는 순서도 한번 변화를 줘봐야지.' 이런 식으로 새롭게 알아차리는 것들이 계속 생기기 때문이다. 2년마다 찾아오는 건강검진 때문에 들른 치과에서 변화를 다짐하는 것이 아닌, 스스로 나의 양치질에 대한 감각을 알아차림으로써 더 나은 행동으로 이어지는 것이다.

이를 마음챙김Mindfulness이라고 한다. 아직 마음챙김에 대한 다양한 관점과 정의들이 다소 혼재하고 있지만 '알아차림'과 '지금 이 순간'에 마음이 있는 것을 마음챙김의 핵심이라고 전문가들은 입을 모은다. 즉 행동 하나하나에 자신이 어떤 마음 상태인지 알아차리고, 마음이 방황하고 있다면 현재 순간으로 마음을 데리고 와서 있는 그대로를 경험하는 것이다.

대부분 마음챙김은 불편함을 알아차리는 것으로 시작하지만, 시간이 지날수록 긍정적인 경험에 대한 감각이 살아나고 실질적으로 긍정적인 행동 변화로 이어지게 된다. 앞선 양치질 사례에서도 양치 후 상쾌함을 알아차리고, 치약과 칫솔도 본인에게 더 적합한 걸로 바꾸어나가는 것처럼 말이다.

조금 더 넓혀서 보면 마음이 방황하는 출근과 마음을 챙기는 출근이 있다. 우리는 대부분의 아침을 자동운항 모드 상태에서 로봇처럼 보낸다. 반대로 내 마음이 함께 깨어 있는 아침을 보낼 수 있다면 어떨까? 그리고 그 아침이 하루, 이틀, 일주일, 한 달 이상 이어진다면 나에게 어떤 변화가 일어날까? 의식 없이도 해오던 익숙한 루틴을 매번 마음을 '가지고' 하다보면 더 나은 방식의 변화를 찾게 된다. 한가로운 오후, 사무실에 앉아 있는 내 자세가 삐뚤어졌다는 걸 새삼 깨닫고 자세를 바로잡듯이 분명 의미 없고 아무 느낌 없던 출근길의 풍경이 다시 생생하게 다가올 것이다.

1. 아침 루틴 처음처럼

매일 반복하는 아침 활동을 자동운항 모드를 끄고 마치 처음 해보는 것처럼 시도해보고 그 순간을 느껴봅니다. 기상, 운동, 세면, 샤워, 식사, 운전, 대중교통 등등 언제든, 어디에서든 가능합니다. 그 시간에 마음을 다른 곳으로 보내지 말고 호기심을 가지고 현재 자신의 마음과 행동을 바라봅니다. 익숙함에서 발견하는 새로움이 일상의 작은 변화를 줍니다. 매일 반복하는 아침 활동 중에서 자동운항 모드를 끄고 시도한 활동과 느낌에 대해 작성해봅니다.

....

....

....

....

....

....

2. 출근 전 마음 날씨

마음이 방황하면 현재 감정도 알아차리기도 어렵습니다. 출근 전 30초라도 좋으니 잠시 멈추고 천천히 호흡에 집중해봅니다. 바쁜 날이라면 1층으로 내려가는 엘리베이터 안이나 신호 대기 중인 횡단보도에서 해도 좋습니다. 오늘 내 기분이 어떤지, 그 기분에 영향을 주는 생각이 무엇인지 한번 살펴보세요. 어쩌면 당신의 하루는 외부보다는 내부, 마음의 날씨에 더 영향을 받을 수 있습니다.

	마음 날씨 (맑음, 흐림, 번개 등)	이유
월		
화		
수		
목		

금

_____

토

_____

일

_____

3. 출근길 짧은 여행

오늘 하루는 30분 일찍 출발하여 평소와 다른 길로 출근을 해봅니다. 이동 수단을 변경하거나 직장까지의 노선을 바꿔보는 겁니다. 이 지역을 처음 찾은 여행자의 마음이 되어보면 복잡하고 부대꼈던 출근길이 흥미로운 시대상으로 다가오기도 합니다. 마음먹기에 따라 매일 어쩔 수 없이 반복하던 행동도 내가 즐길 수 있는 경험이 될 수 있습니다.

혹시 아침에 일찍 출발하거나 다른 길을 선택하기 어렵다면, 늘 가던 길도 처음 가는 길처럼 새롭게 바라보세요. 네모난 휴대폰 액정 화면 대신 네모난 창밖의 세상 풍경을 바라보고, 나와 같은 시간에 출근길에 오른 사람들의 모습을 관찰하는 것도 좋습니다. 자동운항 모드에서 벗어나 출근길을 짧은 여행으로 만드는 방법은 어렵지 않습니다.

내일 아침, 어떤 길로 무엇을 타고 어떻게 출근을 할지 생각해보세요.

....

....

....

....

CHAPTER 2

근무 시간
"불안감은 마주해야 떼어낼 수 있다"

"나와 조직 간의 심리적 거리를 도형으로 나타내보세요"
라는 질문에 대기업을 다니는 16년 차 직장인 최 차장은
이런 그림을 보여주었다.

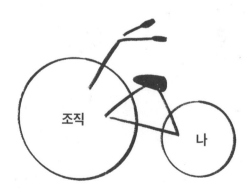

"뒷바퀴가 없어도 자전거는 굴러가요." 창의적인 그림에 뜻이 기대되어 의미를 물어보니 그는 이렇게 답했다. "큰 조직과 작은 개인은 함께 가고는 있지만 영원히 만날 수 없는 거리에 놓인 앞바퀴와 뒷바퀴 같은 관계에요. 그리고 뒷바퀴쯤이야 없어도 그만이고, 얼마든지 대체도 가능하죠." 그의 재치 있는 해석에 모두 공감한다는 듯 웃었지만 사실 그 그림에는 조직을 향한 섭섭함이 묻어났고, 불안감도 숨어 있었다.

한때는 조직 안에 내가 있고, 때로는 내가 조직을 움직이는 축으로 느껴질 때도 있었다. 그런데 이제는 3040세대의 젊은 임원들이 종종 나오면서 40대가 끝나갈수록 조직의 중심에서 뒤로 밀려나는 느낌이 든다. 젊은 인재들이 일하고 성장할 수 있도록 내가 뒷바퀴가 되어 지원해야 하는 것도 이해는 되지만 점차 뒷바퀴의 필요성 자체가 사라져가는 것 같다. 이제 자전거 대신 전동바퀴 하나만 있는 세그웨이 시대가 오지 않을까 두렵기도 하다.

누구나 한 번쯤 조직의 자전거 뒷바퀴 같은 경험을 해본 적이 있을 것이다. 거대하게 흘러가는 흐름을 따라가야 하니 편승해서 움직이고는 있지만, 내가 주도적으로 나아가는 것은 아니다. 계속되는 변화들이 불편하고 4차 산업혁명을 접한 지가 엊그제 같은데 애자일이니, 디지털트렌스포메이션이니 하는 새로운 방식들이 생겨난다. 굳이 또 일하는 방식을 바꿔야 하나 입을 삐죽이다가도 이내 흐름에서 뒤처지거나 이탈해서는 안 된다는 체념 섞인 수긍을 하게 된다. 더 이상 직장에서의 미래가 잘 그려지지 않는다. 100세 시대를 경험하는 첫 세대가 될 것 같은데 그러기에는 남은 50여 년의 준비가 부족한 것만 같다.

직장인 체감 정년퇴직 연령은 만 51.7세라고 한다. 하지만 회사에서 임원을 제외하고는 5060세대를 만나기가 쉽지 않다. 그러다보니 일을 하다가도 한 번씩 마음이 복잡해진다. 누군가의 퇴사나 이직, 창업 소식이 들릴 때면 마음속에 스멀스멀 불안감이 올라온다. 앞으로 대략 몇 년을 더 할 수 있을지, 내가 일 말고 잘할 수 있는 일은 무엇일지, 지금과 같은 생활 수준과 대우를 유지할 수 있을지 질문이 꼬리에 꼬리를 물며 결말이 보이지 않는 시나리오를 끝없이 써 내려간다. 답답하지만 이 감정을 무엇이라 표현해야 할지, 일이 손에 잡히지 않는 시간만 늘

어간다.

자전거를 그렸던 최 차장은 이 그림을 그릴 때 군대 말년 병장 시절이 떠올랐다고 말했다. 마지막 휴가를 다녀오고 나서 괜히 마음이 무겁고 답답해 종종 멍하니 내무반에 있곤 했는데, 그때 선임 부사관이 이런 이야기를 했다고 한다. "막상 제대한다고 생각하니 막막하고 불안하구나? 쫄지 마. 넌 군인이야." 숨기고 있던 마음을 들킨 듯했지만, 그 알아차림은 막연한 불안감을 잠시 멈추게 해줬다. 그리고 쫄지 말라는 한마디에 그는 마음을 다잡고 제대 전까지 운동과 영어 공부에 전념했고, 결국 그 정신으로 취업까지 했다는 라떼 이야기가 이어졌다.

지금은 그런 이야기를 해줄 선임은 없지만, 그림을 그리며 지금 자신이 미래에 대해 불안해하고 막막해하고 있음을 알 수 있었다고 털어놓았다. 최 차장은 열정 넘치던 젊은 시절, 자신의 책상 앞에 붙어 있던 인생 모토를 다시 한번 되새겼다. Be a warrior not a worrier. 걱정하는 사람이 아니라 두려움에 맞서는 전사가 되자.

어떤 대상과의 관계를 2가지 종류로 나타낼 수 있다. 하나는 '물리적 거리'이고 다른 하나는 '심리적 거리'이다. 예를 들어 매일 내 옆자리에 앉는 동료는 물리적 거리는 가깝지만, 심리적 거리는 그에 비례한다고 확신할 수 없다. 매일 가까이 있어도 심리적 거리는 한없이 멀 수 있고, 반대로 아무리 멀리 떨어져 있어도 내 마음속에서 늘 가까이 느끼는 대상이 따로 존재할 수 있다.

종종 사람들은 특정 대상과 적당한 거리를 유지하며 상처받지 않고자 하지만, 사실 인간은 누구나 다른 누군가에게 소중하고 의미 있는 존재가 되길 원하고, 소속감과 유대감을 좇는다. 그 욕구가 좌절될 땐 소외감과 외로움을 느끼며, 행복감이 감소된다. 그래서 인간에게 가장 무서운 형벌은 고립이라고 하는지도 모르겠다. 지금 내가 속해 있는 조직이나 일상을 함께하는 사람들과 심리적 거리가 멀어지면 소위 '군중 속의 고독'처럼 몸은 함께 있어도 마음은 멀어지고 낯설어지며 외로움이 느껴지기 시작한다.

조직도 마찬가지다. 하루 중 가장 많은 시간을 보내는 직장에서 느끼는 심리적 고립감은 걱정과 불안 같은 부정적인 감정을 키우고, 세상을 보는 시야를 좁혀 자신만의 또 다른 부정적인 스토리를 계속 만들어낸다. 혼자 마음속으로 주고받는 대화가 많아질수록 동료들과의 소통이 줄어들고, 서서히 일에 관심이 줄어들면서 매사 의욕과 흥미를 잃은 자신을 보게 될 확률이 높다.

2개의 원으로 간단하게 자신의 마음을 돌아볼 수 있다. 하나는 자신이고 하나는 조직이나 사람처럼 어떤 관계를 맺고 있는 대상이다. 빈 종이 위에 2개의 원을 그려 심리적 거리를 나타내라고 하면 그림 속 관계에 대한 내 생각과 마음 상태를 솔직하게 마주할 수 있게 된다.

어쩌면 최 차장이 사회초년생일 때 이 그림을 그렸다면 지금과는 달랐을 것이다. 조직과 내가 겹치는 면적이 훨씬 더 컸거나 조직 안의 일부로 나를 나타냈을 것이다. 또는 조직의 중심으로 가고픈 마음을 담았을지도 모를 일이다. 그러나 그는 지금 그림 속에 자전거 뒷바퀴가 되어 없어도 그만인 자신의 존재에 대해 푸념을 가장한 걱정과 불안을 담았다.

나이를 떠나서 누구나 일을 하다보면 자전거 뒷바퀴가 된 기분을 느낄 때가 있다. 그럴 때 걱정과 불안으로 일상을 악순환의 연속으로 만들기보다 지금 할 수 있는 생산적인 활동에 집중해보자.

먼저 가장 좋은 방법은 내 마음의 원을 키우는 것이다. 부정적인 감정이나 생각은 자신의 원을 계속 작아지게 만들고 관계를 맺은 대상으로부터 멀어지게 한다. 긍정적인 감정과 생각으로 내 마음의 원을 키우면 다시 조직과의 새로운 접점이 생길 것이다. 이를 위해서는 꾸준한 마음 관리와 마음 운동이 필요하다.

또 다른 방법은 스스로 부정적인 스토리를 만들어내는 습관을 멈추는 것이다. 예를 들어 2주 뒤에 열릴 프로젝트 결과 보고에 대한 걱정이 과도하게 많아진다면 우리는 3가지 선택을 할 수 있다.

첫 번째는 '이제 그 생각을 그만해야지'라고 결심하는 것이다. 어쩌면 지금 이 순간, 머리를 흔들며 이제 그만 생각하자고 스스로 다짐할지도 모른다. 그러나 이제 그 생각을 그만해야지 하는 순간, 그 생각은 다시 일어나기 십상이다. 마치 분홍색 코끼리를 생각하지 말아야지 하는 순간, 분홍색 코끼리가 내 머릿속을 가득 채우는 것처럼 말이다.

두 번째는 '다른 생각을 해야지'라고 마음먹는 것이다. 그러나 다른 일에 잠시 생각을 집중하다가도 금세 그 생각으로 돌아와버리곤 한다. 따라서 이 방법은 생각을 멈추는 것이 아니라 단지 왔다 갔다 하는 것에 불과하다. 골치 아픈 일을 잊기 위해 유튜브나 TV를 봐도 마찬가지다. 다른 생각을 하는 게 아니라 나의 생각을 잠시 다른 무언가에게 맡기는 것이기 때문이다. 미디어를 끄면 다시 잡념이 올라오므로 결국 시간만 흐르고 해결되는 건 하나 없는 셈이다.

세 번째는 '내가 그 생각을 하고 있구나'라고 생각을 받아들이고 가둬버리는 것이다. '탈중심화'와 '라벨링'이라는 심리적 대처 방법이다. 문제의 중심에서 벗어나 객관적으로 그 생각을 하고 있는 나를 바라보고 받아들이는 것이다. 그리고 내 마음이 무엇을 걱정하는지 라벨링, 즉 생각에 이름을 붙이면 된다. 내가 지금 이직을 고민 중이구나, 나는 다가올 회의에 대해 걱정하고 있구나 등등 생각에 이름을 붙이는 것만으로도 방사형으로 퍼지는 생각을 막아준다. 나의 마음이 계속 방황하고 있다는 것을 발견하면 애쓰지 말고 수용하면 된다.

걱정 자체를 하지 않는 방법은 없다. 그 걱정이 꼬리에 꼬리를 물고 불필요한 걱정으로 확장되는 것을 막는 게 중요하다. 그러려면 탈중심화와 라벨링처럼 계속해서 그 걱정을 객관화시키고 확장되지 않도록 하는 의도적인 연습이 필요하다. 다만 지금 생각이 복잡하게 엉켰거나 이런 걱정 가두기 연습조차 할 에너지가 없다면 잠시 마음을 쉬게 하는 방법도 추천한다.

마음을 쉬게 하는 방법으로는 감각에 온전히 집중해보는 것을 추천한다. 우리 마음속 생각들은 감각의 정보가 많아지면 잠시 멈추거나 줄어든다. 일과 중 여러 걱정이 혼합되어 생각이 과부하되는 순간이 오면 잠시 하던 일을 멈추고 잠시 나가서 맑은 공기를 마시며 잠시 걸어보자. 이것도 여의치 않다면 앉은 자리에서 코끝의 호흡에 모든 주의를 기울이고, 내 몸에 느껴지는 감각을 알아차려보자. 혹은 내가 좋아하는 차의 향과 맛에 잠시 집중해보는 것도 좋다. 짧은 시간이더라도 감각에 집중하여 잠시 생각을 멈추었다가 다시 마음을 들여다보자. 이는 모두 마음챙김 전문가들이 추천하는 마음챙김 호흡이나 걷기와 관련된 방법들이다.

만약 위와 같은 방법으로도 해결되지 않고 만성적인 걱정과 불안에 시달리게 되면 결국 몸이 신호를 보낸다. 머리가 아프거나, 소화가 안 되거나 어깨가 결리거나 잠을 못 자는 등 다양하게 몸에 문제가 생긴다. 병원에 가도 몸에 특별한 원인이 없으면 스트레스 때문일 것이라는 진단을 받기 쉽다. 이 경우에는 심리 전문가의 도움을 받는 것을 추천한다. 최근 멘탈 케어에 관심이 높아지면서 정신건강의학과나 심리상담소의 문턱이 많이 낮아졌다. 몇 달을 만성 불안으로 고생할 일을 전문가의 도움을 받아 몇 주 만에 빠르게 회복할 수 있다. 평소에 하는 마음 관리도 중요하지만, 감기에 걸리면 병원을 가듯이 마음이 아프면 마음 주치의를 찾자. 이건 전혀 고민할 일이 아니다.

무엇보다 걱정거리가 명확해지면 내가 지금 할 수 있는 대처 방법이 보이므로, 그저 실천하면 된다. 대부분의 일상 스트레스는 문제가 무엇인지 모르는 갑갑한 마음 방황 상태에서 자라난다. 문제를 발견한 후에도 내가 할 수 있는 것을 하지 않는 게 진짜 문제라는 것을 명심하자.

1. 나와 일의 관계 고리

2개의 원에 각각 나와 일(또는 직장)을 넣고 자유롭게 그림을 그려 봅니다. 잘 그릴 필요는 없으니 잠시 생각해보고 빠르게 그려봅니다. 나는 일과 어느 정도의 심리적 거리가 있고, 어떤 관계인지 그 림을 통해 자신의 마음을 알아봅니다. 필요하다면 그림에 대한 키 워드를 함께 적어도 좋습니다.

2. 걱정 대안 리스트

요즘 계속 떠오르거나 떨쳐버리고 싶은 생각을 '걱정하는 나'에 적어봅니다. 조용한 곳에서 눈을 감고 있으면 더 쉽게 집중할 수 있습니다. 걱정은 구체적으로 적는 것이 좋습니다. 그냥 '돈'보다는 둘째 대학 등록금 대출받기, '자녀 문제'보다는 자녀의 공부 습관 고치기 등 문제를 구체적으로 좁힐수록 좋습니다. '맞서는 나'에는 그 문제에 대한 대안을 적어봅니다. 당장 떠오르지 않아도 괜찮습니다. 지금 바로 할 수 있는 작은 실행으로 걱정은 줄어들 수 있습니다.

	Worrior 걱정하는 나(걱정)	Warrior 맞서는 나(대안)
1		
2		
3		

4

_____ _____ _____

5

_____

3. 해결 자원 수집

걱정거리가 한 문장으로 좁혀져도 '맞서는 나(대안)'의 모습이 잘
떠오르지 않을 수도 있습니다. 무엇이 걱정인지 잘 알지만 내가 이
를 해결할 능력이 없거나 방법이 없다고 계속 생각해왔기 때문입
니다. 그럴 땐 내가 가진 강점이나 긴 시간 쌓아왔던 다양한 삶의
기술과 자원을 떠올리기 바랍니다. 지인 찬스를 쓸 수도 있고요. 내
가 이미 가지고 있는 자원을 잘 살펴보면 내가 할 수 있는 대안이
보입니다. 담대하게 걱정을 대면해봅니다.

자신의 강점이 잘 떠오르지 않는다면 https://www.viacharacter.
org 사이트에서 VIA 성격강점을 무료로 진단해보는 것을 추천합
니다. 나의 강점 TOP 5는 무엇인가요? 그 강점을 활용해서 나의
걱정거리를 해결할 방법은 어떤 것이 있을지 적어보세요.

1

2

3

4

5

휴식 시간
"즐거운 감각이 마음을 쉬게 한다"

▲

◀

김 부장은 오랫동안 한국 기업에서 일하다 최근 외국계 기업으로 이직을 하며 마음이 복잡해졌다. 일이야 익숙한 분야라 금방 적응했지만 팀원과의 관계에서 늘 눈치를 봐야 했다. 한국 기업에서 관리자로 있을 때는 점심을 어떻게 해결할지 고민한 적 없었다. 늘 누군가가 "팀장님, 점심 드시러 가시죠" 하며 챙겨주었기 때문이다. 수평적이고 자유로운 문화를 가진 외국계 기업에서 예전만큼의 대우를 기대했던 것은 아니지만 괜히 사람들 사이에서 어떻게 처신해야 할지 걱정이 되었던 것은 사실이다.

문득 김 부장은 15년 전 호주 시드니의 파트너사로 일주일간 혼자 떠났던 출장이 떠올랐다. 사무실에서 긴장감을 티내지 않으려 애쓰며 앉아 있었지만, 내심 점심시간이 다가오자 점심을 어떻게 해야 하나 걱정이 밀려왔다. 그런데 11시 30분이 되자 한 아주머니가 샌드위치 바구니를 들고 사무실에 등장했다. 몇몇 사람들이 손을 들더니 자연스레 샌드위치를 샀다. 그리고 각자 편한 공간에서 오롯이 자신만의 점심시간을 여유 있게 즐기는 진풍경이 펼쳐졌다. 그도 분위기에 편승해 나지막이 외쳤다. "One Please." 샌드위치를 하나 들고 공원 한편에 앉아 있는데 문득 느껴지는 그 홀가분함이, 혼자 보내는 그 여유가 너무도 새로우면서 괜스레 짜릿했다.

그때 느꼈던 그 새로움은 이제 익숙해졌다. 하지만 여전히 내 마음이 세상의 변화 속도를 따라가지 못한다는 기분을 느낄 때가 있다. 최근에는 기업 문화를 떠나서 코로나 이후로 재택근무가 활성화되고 자율좌석제가 도입되면서 팀장이나 리더 근처에는 사람들이 보이지 않는다. 젊은 친구들은 혼자서 밥을 먹으며 자기만의 시간을 더 확보하려는 듯하고, 점심시간에는 일 이야기를 피하고 싶어 그러는 것 같다. 대기업에서 잘나가는 능력 있는 어느 팀장도 요즘은 퇴근 후 배우자에게 혼자라서 점심을 못

먹었다는 푸념을 종종 한다고 한다. 온종일 일만 하다 와서 더 피곤함을 느끼는 게 결코 남 일이 아니다.

한편 김 부장은 재택근무를 하며 강제로 집에 혼자 남겨졌다. 덕분에 괜히 인간관계로 눈치 보지 않아도 되어서 편할 때도 있지만, 다른 식구들은 일터와 학교로 모두 떠나고 홀로 있는 집에서 한마디도 내뱉지 않고 일만 하려니 사람 말소리가 그리워진다. 습관처럼 TV를 켜서 채널을 돌리다 시선이 멈춘 곳은 예능 프로그램 〈해방타운〉이었다. 프로그램의 부제가 마음에 와 닿았다. '내가 나로 돌아가는 곳 – 해방타운'

코로나로 인해 온택트 문화가 확산되고 업무든, 여가든 집에 있는 시간이 늘어나면서 사람들은 내 공간을 향한 갈증이 생기기 시작했다. 재택근무가 길어지면서 이제는 교육도 화상으로 참여하라는데 마땅히 집중할 수 있는 나만의 공간이 없다. 평생 열심히 살아왔는데 오롯한 나만의 공간은 왜 이리도 비좁은 건지. 쓰지 않는 짐들이 잔뜩 쌓인 말만 서재인 공간에서, 아이들의 공부방에서, 거실 바닥에 앉아 노트북을 두드리면서 혼자만의 시간과 공간에 대한 욕구가 생겼다. '그래, 나도 나만의

시간과 공간이 필요해!'

그렇게 곧장 주말 아침부터 호기롭게 책 한 권을 들고
집을 나섰는데 막상 어디를 가야 할지 모르겠다. 고작 카
페에 앉아 30분 남짓 커피 한 잔을 마시고 돌아오는데 허
탈해서 웃음이 나왔다. 여유를 즐길 수 있는 공간과 시간
이 문제가 아니라 여유를 즐길 수 있는 마음이 문제였다.

이렇게 세상은 바뀌었고 나만의 시간과 여유를 가지는
것은 더 이상 눈치 보이는 일이 아니다. 하지만 아직도
그 자연스러움과 여유로움이 불편하고 낯설다면 아직 내
마음이 과거에 있다는 뜻이다. 여유는 공간과 시간이 아
닌 마음에서 시작되니까.

마음 체크업

점점 육체노동은 자동화 설비와 로봇에게 넘어가고 마음
노동이 늘어나는 시대가 되어가고 있다. 마음은 생각과
감정이다. '마음을 쓴다'는 건 로봇이 할 수 없는 개인과
조직의 장단기 계획을 세우고 점검하며, 의사 결정을 내

리고, 새로운 것을 구상하는 등의 '지식 노동'과 나와 다른 사람의 감정을 다루는 '감정 노동'을 의미한다. 직급이 올라갈수록 이 마음 노동에 대한 중요성이 점점 높아진다. 더 많은 정보를 가지고 더 많은 결정을 해야 하고 더 많은 사람들의 감정까지 챙겨야 하기 때문이다.

비록 예전에 비해 야근도 줄고 업무 방식이 유연해졌다 하더라도 24시간 일 생각, 사람 생각에 사로잡혀 마음 노동을 하는 사람들이 아직 많다. 유연근무제와 재택근무제가 가장 활발하게 자리 잡은 미국 실리콘밸리의 IT 업계에서는 'Always on'이 또 다른 문제로 떠오르고 있다. 업무에 대한 물리적, 공간적 제한이 없어진 만큼 항상 이메일이나 메신저 등으로 업무와 상시 연결되어 있다, 항상 깨어 있다는 뜻이다.

마음 놓고 쉬기도 불안한 나를 위해 휴식도 설계할 필요가 있다. 제대로 쉬어야 제대로 몰입할 수 있다. 물론 주말을 활용해 여행을 가거나 새로운 활동을 하는 것도 좋지만, 2일 행복하기 위해 5일 견디는 것보다 5일 행복하고 2일 더 행복한 게 제일 좋지 않을까.

휴식에도 마음의 기술이 필요하다. 아무것도 하지 않

고 소파에 기대고 있거나 그냥 누워 있다고 마음 편히 쉬는 것이 아니다. 호흡에 집중하거나 감각적인 일에 몰입하며 마음을 조금 천천히 흘러가게 내버려둘 때 비로소 진짜 쉼을 느낄 수 있다.

당장 누울 수 없는 회사 안이라면, 점심시간을 적극 활용해 온전히 나만의 휴식을 가지는 게 좋다. 낮잠과 같이 몸에 휴식을 주는 것도 좋지만 산책이나 음미하기와 같이 마음에 휴식을 주는 것도 좋다.

그리고 일주일에 하루이틀 정도는 혼자 밥 먹는 시간을 가져보자. 여건이 되면 혼잡한 시간을 피해서 점심식사를 하는 것도 좋다. 산책부터 하고 조금 늦게 식사를 하는 것이다. 세상과 자신을 격리시키는 것이 아니라 세상 속에서 음식에 집중하기 위함이다. 휴대폰은 잠시 바지 주머니에 넣어놔야 한다. 혼자 밥 먹기 민망해서 의미 없이 휴대폰을 만지작거리고 싶겠지만, 음식을 오감으로 느끼면서 음식이 가져다주는 긍정적인 경험에 온전히 집중하는 시간도 필요하다.

캘리포니아대학의 소냐 류보머스키Sonja Lyubomirsky교수는 '음미하기'를 오감을 활용해서 의도적으로 긍정적인 감정을 느끼는 것이라 정의한다. 즉 마음을 지금 이 순간에 두고 오감(시각, 청각, 후각, 촉각, 미각)을 활용해 일상을 새롭게 경험한다는 뜻이다.

한때 미국 뉴욕 브루클린에서 유행했던 마이크로 산책도 음미하기의 일종이다. 마이크로 산책이란 바쁜 현대인들이 점심시간이나 출퇴근 시간에 잠시 10분, 20분 시간을 내어 근처의 아주 짧은 거리를 구석구석 세밀하게 관찰하며 걷는 활동이다. 개미가 기어가는 모습을 관찰하거나, 보도블록 틈에 난 작은 꽃이 매일 조금씩 자라나는 모습을 보기도 하고, 도심의 소리에 귀 기울이거나 냄새를 맡기도 하고, 담벼락의 촉감에 집중하기도 하면서 가장 익숙한 곳에서 새로운 경험을 하는 힐링 방법이다.

음미하기의 핵심은 지금 이 순간의 경험에 집중하고 그 어떤 이성적인 판단 없이 그저 오감을 활용해 호기심을 가지고 새롭게 일상을 살펴보는 것이다. 음미하기를 통해 우리는 익숙한 일상에서의 새로운 관점과 행복감을 얻을 수 있다. 또한 즐겁고 긍정적인 자극에 익숙해지는 쾌락적응hedonic treadmill을 예방하고 우울함과 스트레스 등 부정적인 감정에서 빠르게 벗어날 수 있다.

대부분의 사람은 자연 속에서 평온함을 느낀다. 잠시 공원을 걸어보자. 나뭇잎 사이로 비치는 햇살 바라보기, 바람에 흔들리는 나뭇잎 소리 듣기, 손끝으로 나무 기둥 만져보기, 좋아하는 음악 들으며 걷기, 나무 향 맡아보기 등 단 5분이라도 어떤 생각 대신 감각에 집중하는 시간을 가지는 것이다.

국내에서 마음챙김 분야를 이끌고 있는 덕성여자대학 김정호 교수는 작은 원 하나로 이를 쉽게 설명해준다. 원 안에 줄을 하나 긋고 한 쪽은 생각, 한 쪽은 감각이라고 적어보면 마음의 작동 원리를 쉽게 이해할 수 있다. 온종일 머릿속에 생각이 가득 찬 상태에서 잠시 자연 속에서 내 감각의 정보를 높이면 자연스럽게 생각이 줄어든다.

만약 평온한 공간을 찾기 힘들다면 익숙한 공간을 새롭게 바라봐도 좋다. 현재 내가 머무르고 있는 공간을 오감을 활용해 충분히 느껴보자. 잠시 눈을 감고 고소한 커피의 향과 맛, 그리고 사무실의 적당한 소음과 대화 소리, 공간이 주는 아늑한 분위기와 의자에서 느껴지는 푹신한 촉감을 느껴보자. 그리고 눈을 떠서 새롭게 눈에 들어오는 장면들에 집중해보자. 마치 영화의 한 장면을 보듯 천천히 일상을 음미한다. 지루하게 반복되는 일상이 아닌 매일이 새로운 하루가 펼쳐질 것이다.

마음 피트니스

1. 혼자만의 점심 식사

혼자 식사를 할 때는 사람이 붐비는 맛집보다 가격이 조금 높더라도 조용한 식당을 이용하는 게 좋습니다. 여건이 된다면 혼잡한 시간을 피해서 조금 늦게 또는 일찍 점심시간을 가집니다. 음식에 대한 평가보다는 호기심을 가지고 음식을 있는 그대로 경험합니다. 맛, 향, 식감 등 모든 감각에 집중하여 나만을 위한 느낌 있는 한 끼를 평소보다 천천히 즐겨보시길 바랍니다. 그리고 혼자만의 식사가 어땠는지 소감을 작성해보세요.

....

....

....

....

....

....

2. 점심시간 마이크로 산책

지도 앱을 켜서 회사 주변을 한번 살펴봅니다. 아무리 복잡한 상업 지역이라도 대부분 10분만 걸으면 녹지나 물이 나옵니다. 운이 좋으면 큰 공원도 있고, 잘 찾아보면 작은 공터 수준의 공원도 있습니다. 혹은 건물 뒤에 작게 울창한 나무 몇 그루가 있을 수 있습니다. 나의 마이크로 산책로를 대략 그려봅니다. 가볼 만한 카페를 표시해도 좋습니다. 평소보다 일찍 점심시간을 가진 후 혼자 또는 동료와 함께 걸어보면 일상을 새롭게 바꿀 수 있습니다.

3. 마음 휴식 설계

몸이 힘들면 5분만 쪽잠을 자도 개운해집니다. 담배 한 대 피우면서도 생각을 쫓아가고, 멍 때리면서도 감정과 싸우고 있을 수 있습니다. 그러니 5분이라도 생각을 멈추고 마음에 쉬는 시간을 줘야 합니다. 내 자리에 앉아 1분 동안 코끝으로 들어오고 나가는 숨에 주의를 기울이며 공기의 온도를 느껴보세요. 조금 여유가 있다면 차나 커피 한 잔을 준비해서 오로지 그 맛과 향에 집중해봅니다. 근처에 걷기 좋은 길이 있다면 10분이라도 좋으니 잠시 자리를 떠나 맑은 공기를 마시고 자연을 느끼고 오는 것도 도움이 됩니다. 마음의 휴식을 설계해보세요.

언제

어디서

어떻게

CHAPTER 4

퇴근길
"좋은 일은 오늘도 있었다"

▲

깐깐하기로 유명했던 김 본부장은 최근 스타트업으로 자리를 옮긴 뒤 겸손의 미덕을 배우고 있다. 솔직히 말하면 자신이 나이가 들어서 그런 건지, 2030세대들과 함께 일하기 위해 어쩔 수 없이 겸손해진 것 같다. 그동안 함께 일했었던 리더들은 근면, 성실, 체력, 술을 가르쳐줬는데, 이를 다음 세대로 넘기려는 순간 꼰대 소리를 들을 게 자명하다. 그래서 MZ세대를 외국인이라고 생각하며 이들을 관찰하면서 한 번도 경험해보지 못한 새로운 리더에 도전하는 중이다.

하지만 조직의 가치를 강요하는 대신 개인의 가치를 물어보고, 선을 넘는 듯한 자유로운 발언들에 치밀어 오르는 화를 숨긴 경우가 한두 번이 아니다. 그들이 나의 경력을 인정해주는 것까지는 바라지도 않는다. 내가 위엄을 잡는 순간, 그들과 동떨어진다는 것도 알기에 자의 반 타의 반 겸손의 미덕을 좇고 있다.

그런데 다른 건 다 참고 익숙해져도 여전히 불편한 게 하나 있다. 바로 근무시간. 지난 20년 간 그의 출근 시각은 8시 30분이었다. 회사에서 정한 출근 시각이 9시여도 그는 언제나 30분 일찍 도착해서 자리를 정비했다. 그런데 지금 있는 이 회사는 어째 나만 일하는 기분이다. 평생 그랬듯 8시 30분에 도착해서 9시까지 느긋한 마음으로 기다려보지만 아무도 오지 않는다. 10시, 11시 아주 제각각 출근한다.

이뿐만 아니다. 온종일 일에 몰입하다 문득 주변을 둘러보면 또 나만 덩그러니 남아 있다. 경력이 제일 많은 내가 회사에 가장 오래 머무르다니, 참 아이러니하다. 물론 겉으로 드러내진 않지만 주52시간 근무제와 유연근무제 덕분에 요즘 친구들은 자기 개인 시간을 많이 갖는다고 하는데, 그래서 언제 일을 배우고, 언제 성과를 내는지 답이 없어 보일 때도 있다. 회사 걱정도 되고 한편으로는 이들과 함께 일하기 갑갑하기도 하다.

한국의 노동시간은 2000년에는 연 2,512시간에서 2019년에는 연 1,967시간으로 지난 20여 년간 545시간이 줄었다. 52주 기준으로 보면 1주에 10시간 정도 노동시간이 줄어든 것이다. 그래서인지 항상 하던 대로 일하고 있는 그에게 요즘 친구들은 너무 편하고 여유로워 보인다. 반대로 보면 그는 직장에서 지나치게 많은 시간을 보내는 옛날 사람일 것이다.

최근에는 주4일제 이슈가 떠오르고 있다. 2003년 주5일제가 법으로 제정될 당시, 경제가 죽고 나라가 망한다는 강한 반대 의견이 있었고, 이는 당시 4050세대의 진심 어린 걱정이기도 했다. 그러나 주5일제 시행 이후 '열심히 일한 당신 떠나라'라는 광고 카피가 대성할 만큼 우리 사회는 일과 삶의 균형에 눈을 뜨기 시작했다. 주52시간제와 주4일제 시도는 일상에서 일보다 개인의 삶에 더 비중을 두게 할 것이고, 이제 평일 낮도 사적인 시간으로 들어갈 날이 머지않았다.

평생 동안 집은 잠만 자고 나오는 곳에 불과했던 그에게 이러한 시대 변화는 퇴근 후 여가에 대한 고민을 안

겨웠다. 이제 야근, 회식 같은 단어들이 조금씩 설자리를 잃어가는 마당에 굳이 내가 나서서 이걸 지켜야 할 명분도 없다. 그런데 집으로 일찍 돌아가더라도 아직 마음은 일과 회사에 남아 있는 경우가 많다. 식구들은 그가 회사일로 바쁜 시절에 이미 각자의 삶을 만들어둬서 이제와서 그들의 삶에 끼어들기에는 늦은 감도 있다.

과거의 아버지들은 퇴근 후 TV 리모콘을 들었다면 이제는 집 안 각자의 공간에서 유튜브를 본다. 그러다 문득 생각한다. '나도 다음 직업으로 유튜브 크리에이터를 할 수 있지 않을까? 귀찮다. 그래도 한번 해볼까? 피곤하다. 퇴근하고 뭐라도 해야 되지 않을까? 모르겠다. 나중에 여유 있을 때 하자.' 그렇게 그는 영상에 마음을 맡기고 이런저런 생각 속에서 하루를 마무리한다. 좋은 날은 내일 생각하자며.

마음 체크업

김 본부장처럼 오랜 시간 직장에서 조직 시스템 관리, 유지 업무를 하다보면 자신도 모르게 사소한 부분에 예민하고 깐깐해진다. 선택과 결과에 대한 고민을 하는 게 일이라서 일상에서도 지나치게 차분하고 이성적인 태도를 취할 때가 있다. 자신의 태도가 업무 성과와 직결되는 역할에 오랜 시간 충실하며 학습된 결과이다. 정도가 지나치면 조직 내에서 지나치게 냉정한 인물이 되기도 하고, 피도 눈물도 없는 사람이라는 평가를 받기도 한다.

긍정정서를 30년 이상 연구한 로욜라대학의 심리학자 바바라 프레드릭슨Barbara Fredrickson은 사람들이 부정정서를 경험하고 있을 때 큰 것보다는 작은 것에 더 집중한다는 사실을 밝혀냈다. 반대로 긍정정서 상태에서는 전체 그림에 집중한다. 걱정거리가 있을 때는 그 문제에 집중하느라 주변 상황을 폭넓게 인식하지 못하는 경우가 있고, 기분이 좋을 때는 땅바닥에 핀 작은 꽃이나 자연의 변화를 알아챌 수 있는 마음의 여유가 생기는 경험을 한 번쯤은 해보았을 것이다.

부정정서는 시야를 좁혀 문제에 집중시키고, 긍정정서는 시야를 확장시켜 문제 주변까지 넓게 볼 수 있게 한다. 그래서 회계장부의 오류나 보고서의 오타를 찾는 등의 일을 할 때는 약간의 불안이나 초조함 같은 부정정서를 동반해야 일의 효율을 높일 수 있다. 따라서 조직생활이 길어지고 관리할 영역이 많아질수록 부정정서를 쓸 일이 많아지고, 그로 인해 마음이 차가워지고 날카로워지는 건 어쩌면 자연스러운 진화의 과정이다.

그런데 일도 오래하다보면 성격뿐 아니라 일상에도 영향을 미치게 된다. 많이 쓰는 근육이 더 발달하는 것처럼 마음도 마찬가지다. 일할 때 주로 문제에만 집중하고, 부정정서를 활용하는 경험이 많이 쌓이다보면 자연스럽게 그런 경험이 익숙하고 당연해진다. 김 본부장처럼 겉으로 드러내지 않더라도 속으로는 새로운 변화가 설레기보다는 어색하고 불편하고, 그 변화로 발생할 수 있는 문제와 위험이 먼저 떠오르는 이유는 오랜 시간 몸에 베인 생존 본능 때문이다.

심리학에서는 이런 마음을 '부정 편향성'이라 설명한다. 우리는 부정적인 사건을 더 오래, 강하게 기억한다. 그것이 생존에 도움되는 방식이기 때문이다. 또한 뇌는 효율성을 중요하게 생각해서 같은 행동을 2, 3번만 반복해도 쉽게 일반화시킨다. 부하 직원의 실수가 몇 번만 반복돼도 '이 친구는 우리 회사에 안 맞아'라고 생각하는 것처럼 말이다.

일반화는 부지불식간에 빈번하게 일어나는 만큼 예민하게 경계할 필요가 있다. 배우자나 함께 일하는 팀원과 갈등을 겪을 때를 떠올려보자. 그때마다 우리는 쉽게 '너는 매번 그런 식이야. 너는 항상 그렇게 말해'라며 일반화를 통해 상대를 비난하곤 한다. 일상에서 부정적인 관점을 강화하고 그것을 일반화하는 순간, 일상은 지옥이 된다. 특히나 그것이 매일 출근하고, 하루 중 가장 많은 시간을 보내는 일터와 관련된 것이라면 더욱 그렇다.

이렇게 기울어진 마음에 다시 균형을 잡기 위해서는 기술이 필요하다. 긍정적으로 생각해야지 하는 다짐만으로는 이틀도 못 간다. 앞서 정서와 시야의 관계에서 말했듯, 긍정정서가 마음에 차 있을 때 시야가 넓어지고 좋은 것들도 눈에 들어오기 시작한다.

지난 하루를 떠올려보자. 내가 일상에서 긍정적인 감정을 경험한 순간이 얼마나 될까? 혹은 반대로 부정적인 감정을 경험한 순간이 얼마나 될까? 만약 부정정서의 비율이 상대적으로 높으면, 관점을 바꾸기 전에 일상의 경험을 긍정적으로 바꿔보자. 가장 쉬운 방법은 본인이 좋아하는 활동을 조금 더 자주 해서 마음의 온도를 높이는 것이다.

그렇다면 먼저 긍정정서에 대해 생각해봐야 한다. 바바라 프레드릭슨은 사람들이 가장 많이 경험하는 긍정정서를 10가지로 정리했다. 기쁨, 호기심(흥미), 평온, 희망, 자부심, 감사, 재미, 영감, 경외, 사랑이다. 긍정정서에는 그저 기쁨만 있는 게 아니다. 우리는 다양한 긍정정서를 경험하며 살아가고 있다. 어떤 활동을 통해 이런 정서들을 더욱 빈번하게 경험할 수 있을지, 내가 놓치고 있는 긍정정서는 무엇인지 생각해보자.

긍정심리학에서는 이러한 긍정정서를 경험할 수 있는 대표적인 활동으로 '감사하기'를 소개한다. 감사하기란 일상을 새롭게 인식하는 의도적 사고이며 당연한 것을 당연하지 않게 생각하는 것이다. 어느 날 문득 출근길에 느껴지는 따뜻한 햇살이, 걸어다닐 수 있는 나의 두 다리가, 그리고 매일 출근할 곳이 있다는 사실에 감사한 마음이 든 적이 있을까? 감사하기는 내가 누리고 있는 모든 것이 나에게 주어진 호의라고 생각하는 마음이다. 이는 삶의 의미와 자신의 가치를 높이고, 익숙해져서 더 이상 소중하게 느껴지지 않는 것들에 대한 쾌락 적응을 막아준다. 무엇보다 자신과 삶에 대해 긍정적으로 평가할 수 있는 관점을 열어준다.

하지만 감사하기가 낯간지럽거나 진부하고, 의무적이라서 거부감이 들 수도 있다. 무작정 감사하기는 감사피로를 만들어 도리어 행복감을 떨어뜨리기도 한다. 그래서 고안된 활동이 3GT^Three Good Things 활동이다. 오늘 하루 중 좋았던 것들을 3가지 찾아보는 것이다. 감사일기나 감사편지를 적는 것도 좋지만 단지 오늘 하루 중 좋았던 점들을 떠올리는 것만으로 충분하다.

미국 필라델피아 긍정심리학센터는 400명에게 일주일 동안 매일 하루에 좋았던 것 3가지와 그 이유에 대해 기록하도록 했다. 참가자들은 이 실험 이후 6개월간 행복감이 꾸준히 증가하고 우울감은 감소하는 효과를 보였다. 단 일주일의 실험이 6개월 동안이나 지속적으로 행복감을 높여주는 데 영향을 미쳤다. 3GT 활동을 통해 익숙한 일상을 새롭게 인식하고 의미를 찾으며 긍정적인 관점을 경험하고 행복감을 맛본 것이다.

퇴근 후 소파 대신 책상 앞에 잠시 앉아 3GT 활동을 시작해보자. 갑자기 책상에 앉는 게 어색하다면 소파에 앉아 휴대폰 메모장 앱을 켜서 끄적여도 된다. 5~10분 동안 나의 관점을 바꿔 일상의 소소하지만 긍정적인 순간들을 수집해보고, 그 의미를 찾아본다. 혼자서 다이어리를 써도 되고, 가족들과 그 주제로 대화를 나누는 것도 좋다. 3GT 활동이 몸에 배면 반복되는 일상에서도 새삼 좋은 것들이 눈에 들어오기 시작하고 새로운 변화에 대해 편향되지 않은 균형 잡힌 관점을 회복할 수 있다. 오늘도 당신이 놓치고 있던 좋은 날이다.

1. 오늘도 좋은 날

오늘 하루를 떠올려봅니다. 좋은 하루였나요, 힘든 하루였나요? 조금만 더 들여다보면 좋은 순간과 나쁜 순간들이 엉켜 있기도 합니다. 아래 각 질문을 통해서 좋은 순간을 수집해봅시다. 어렵더라도 연습한다는 마음이 필요합니다.

• 하루 동안 먹은 음식 중 다시 먹고 싶은 것은? 그 이유는?

....

....

....

....

....

• 하루 동안 만난 사람 중 더 가까워지고 싶은 사람은? 그 이유는?

....

....

....

....

• 하루 동안 했던 일 중 해결되거나 결과가 좋았던 것은? 그 이유는?

....

....

....

....

• 하루 동안 봤던 것 중 사진으로 남기고 싶었던 장면은? 그 이유는?

....

....

....

....

• 하루 동안 내가 한 선택 중 잘했다고 생각하는 것은? 그 이유는?

....

....

....

....

• 하루 동안 평온을 느끼거나 나만의 시간을 가졌던 순간은?

....

....

....

....

• 하루 동안 재미, 흥미, 즐거움, 감사, 기쁨, 희망, 자부심, 사랑, 영
감, 경외심 등을 경험한 순간은?

....

....

....

....

2. 일주일간 좋은 일 기록하기

감사일기와 비슷한 방식이지만 훨씬 간단합니다. 감사한 것을 포함하여 그냥 하루에 있었던 좋았던 일 3가지를 쓰면 됩니다. 그리고 가능하다면 어떤 좋은 감정이 있었고, 어떤 이유 때문에 좋았는지도 구체적으로 적어보세요. 채우기 힘들다면 1번 질문을 참고해도 좋습니다.

월/일	1	2	3
/			
/			
/			
/			
/			

_____

/

___ _____ _____ _____

/

_____

3. 좋은 날 설계하기

관점을 바꿨다면 이제 행동을 바꿀 차례입니다. 일상에서 본인이
경험할 수 있는 좋은 일을 직접 계획하고 실행해봅니다. 예를 들면
일주일 중 하루는 요즘 세대처럼 일을 해봅니다. 그날만큼은 정시
퇴근 후 본인이 관심 있고 좋아하는 장소에 들러보세요. 서점이나
쇼핑몰도 좋고, 혼자 영화나 연극 한 편을 보는 것도 좋습니다. 변
화하는 시대와 환경 속에서 본인만의 좋은 순간을 만들어가야 두
려움보다 설렘으로 일상을 채울 수 있습니다. 나의 좋은 날을 설계
해보세요.

....

....

....

....

PART 2

관계를 유지하는 마음

2019년 한국보건사회연구원이 실시한 '한국인의 행복과 삶의 질에 관한 종합연구'에 의하면 한국인의 1순위 행복 조건은 좋은 배우자와 행복한 가정을 이루는 것이었다. 즉 건강, 돈, 일보다 행복한 가정이 우선순위였다.

우리나라 중년 남자들이 그렇게도 열심히 일했던 이유도 이와 마찬가지일 텐데, 어째서 지금 행복하다고 자신 있게 말할 수 없는 걸까. 가부장 사회에서 태어난 이들은 가족 구성원 중에서 '아들'이라는 이유로 혜택이나 지지를 누렸던 만큼 큰 책임감도 부여받았다. 그래서 가족은 책임져야 하는 대상이며 자신의 생존이 결국 가족의 생존으로 이어진다는 마인드가 자리 잡고 있는 경우가 많다. 그렇기에 이 시대의 중년은 더욱 열심히, 치열하게 살아왔으리라.

하지만 현실은 뜻대로 되지 않는다. 치열하게 살아온 대가로 경제적 부와 사회적 지위를 얻었을지 몰라도, 좋은 배우자와 행복한 가정까지 반드시 따라오는 것은 아니다. 물론 그들의 열심이 배우자와 가정을 꾸릴 수 있도록 도와주는 자원은 맞지만 '좋은', '행복'이라는 감성적이 단어를 위해서는 생존이 아닌 화목과 조화 같은 다른 마인드가 필요하다.

최근 긍정심리학자들은 행복을 볼 때 인지적 측면인 '삶에 대한 만족감'과 정서적 측면인 '긍정정서의 경험'을 함께 고려한다. 행복학의 대가이자 미국 일리노이대학 교수인 에드 디너Ed Diener는 상위 10%의 행복한 사람들의 비결은 돈이나 건강, 재산이 아니라고 말한다. 다른 사람들과 비교했을 때 그들의 가장 큰 차이점은 바로 '관계'에 있었다. 하버드대학의 성인발달연구를 책임지고 있는 정신과 교수 버드 월딩어Robert Waldinger 역시 75년의 추적 연구 결과 "관계가 인생에서 행복을 결정하는 중요한 요소"라고 밝혔다.

결국 내가 집에서 함께 보내는 사람들, 내가 회사에서 함께 보내는 사람들과의 관계가 나의 행복을 좌우하고, 중년을 외롭지 않게 보낼 수 있는 비결이 된다. 긍정심리학에서는 이러한 관계를 개선하고, 서로 긍정적인 영향을 줄 수 있는 방법에 대한 연구를 많이 진행해왔다. 다음은 좋은 관계를 위해 대상이 누가 되든 공통적으로 적용할 수 있는 방법들이다.

1. 긍정울림

기분 좋은 활동을 함께하고, 서로를 챙겨주는 마음을 갖는다.

2. 공감하며 돕기Task-enabling

상대의 상황과 욕구에 대한 공감을 기반으로 도움 제공한다.

3. 지나친 기대하지 않기

가까운 사람일수록 바라는 게 많아지는데 그 기대는 현실과의 차이와 갈등을 만들어낸다.

4. 강점에 집중하기

누구나 완벽하지 않다. 가까운 사람이 말해주는 강점은 울림이 있다.

이 책의 내용을 참고해 배우자, 자녀, 상사, 후배 각각의 대상에 대한 나의 마음을 점검해보고 더 좋은 관계를 위한 마음가짐을 연습해보자.

CHAPTER 5

배우자
"사랑은 함께 느끼는 긍정울림이다"

◀

조직 리더들을 대상으로 진행한 강점 워크숍에서 질문했다. "최근 자신의 강점에 대해 가장 치열하게 고민해본게 언제인가요?" 보통은 입사지원서를 쓸 때나 리더로서 평가 시즌에 자가평가를 하기 위해 자신의 강점에 대해 고민한다는 말을 많이 듣는다. 그때 한 리더가 이렇게 대답했다. "부부싸움 할 때요!" 모두 그의 말뜻이 궁금해서 기다리고 있는데 그가 이렇게 덧붙였다. "와이프가 워낙 제 약점에 대해서, 부족하고 잘못한 것에 대해서만 구구절절 말하길래 요즘은 이겨보려고 제 강점이 뭔지 치열하게 고민합니다." 모두들 그의 말에 공감 가는지 크게 웃다가 자기들 부부 이야기로 분위기를 이어갔다.

"전 결혼 18년 차인데 아직도 출근할 때 잠들어 있는 아내를 보면 설레고 좋습니다." 갑자기 분위기를 깨는 누군가의 발언에 잠시 정적이 흘렀다. 그러자 가까이 앉아 있는 사람들이 갖가지 추측을 던졌다. "자고 있어서 그런 거 아니에요?", "말을 안 하고 있어서 그런 거 아니에요?", "본인 성격이 이상한 거 아니에요?" 모두가 그를 놀려댔지만 그의 표정에는 진심이 깃들어 있었다.

사람은 누구나 특정 상황에서 느낄 법한 감정을 예측하는 정서예측 affective forecasting을 한다. 가령 이게 있으면 생활이 편리할 거야, 주말에 여행을 떠나면 너무 즐거울 거야, 취업해서 월급을 받으면 생활비 걱정을 안 해도 되니 마음이 편안할 거야, 라고 생각하는 것처럼 우리는 미래에 경험할 감정을 예측한다.

그러나 이 정서예측에는 치명적인 오류가 숨어 있다. 바로 지속성 편향 durability bias이다. 내가 예상하는 정서가 아주 강하게 오랫동안 유지될 거라고 생각하는 것이다. 몇 날 며칠을 걱정하던 일이 생각보다 시시하게 일어나거나 영원히 행복할 것 같던 순간이 금세 시들해지듯 우리는 일상에서 정서예측의 오류를 종종 경험한다.

특히 결혼은 가장 큰 정서예측의 대상임과 동시에 가장 큰 정서예측의 오류를 경험하는 대상이기도 하다. 행복과 설렘의 연속일 것 같은(연속이길 바라는) 이상과 예상치 못한(원하지 않던) 불편한 현실 가운데에서 결혼의 민낯을 만나게 된다. "인간에게 정서예측의 오류 없이 정확한 정서를 예측하는 능력이 있다면, 아무도 결혼이라는 제도를 선택하지 않을 것이다"라는 우스갯소리도 있다.

워크숍을 마치고 퇴근하는 길에 안 상무는 이런저런 생각에 잠겼다. 언제부턴가 집으로 가는 퇴근길이 즐겁지 않고 아내와 나는 또 다른 비즈니스 관계가 되어버린 듯하다. 집에서 묵묵히 각자의 일이나 역할에 충실하며 겉으로 드러나는 큰 문제는 없지만, 필요할 때만 잠깐 소통하는 게 전부이다. 언제부턴지 모르겠지만 아내도 요즘 계속 기분이 안 좋아 보인다. 괜히 말을 꺼냈다가 본전도 못 찾을까봐 아무것도 모르는 척, 괜찮은 척 일상을 보내고 있지만, 나도 아내도 서로에게 불편함을 느끼고 있는 것만은 분명하다. 매일 저녁, 맛있는 식사를 하며 대화를 나누고, 힘들거나 즐거운 순간을 함께할 줄 알았던 달콤한 결혼생활의 로망은 일찌감치 바쁜 현실에 묻혀 희미해졌다.

어색하고 민망할 것 같았지만, 오늘 워크숍에서 배운 대로 저녁 식탁에 올라온 김치찌개의 조리법에 대해서도 물어보고 맛있다고 고마움을 표현했는데 어째 돌아오는 반응이 시큰둥하다. 용기 내어 전한 말에 반응이 없자 괜히 서운하고 화가 나서 뭐가 그렇게 불만이냐고 벌컥 언성을 높였더니 아내가 한마디 한다. "몰라. 그냥 요즘 계속 우울해. 자꾸 울적하고 눈물이 나네. 갱년기인가?" 대수롭지 않은 듯 들었지만 심장이 철렁 내려앉는 기분이다.

2020년 대한신경과학회가 발표한 OECD 국가별 우울증 유병률 조사에서 대한민국은 안타깝게도 1위를 기록했다. 36.8%, 즉 10명 중 3~4명이 우울증 또는 우울감을 느끼고 있다. 통계적으로 보면 여성 환자 수가 남성 환자 수보다 2배 이상이고, 40대부터 환자 수가 증가해 60대에 최다치를 찍는다. 그런데 흥미로운 사실은 우리나라 전체 자살률은 여성보다 남성이 훨씬 높고, 2019년 보건복지부 자료에 의하면 자살사망자 수는 50대가 가장 높았는데 그중 남성이 70.5%로 여성 29.5%보다 2배 이상 높았다는 것이다. 그 원인으로 중년 우울증과 상대적 박탈감 등이 꼽힌다.

중년 우울증은 통계적으로 여성이 남성보다 2배 이상 환자 수가 많지만, 실제 중년의 자살사망자 수는 남성이 2배 이상 높다는 결과는 매우 인상적이다. 남자들도 여자들만큼 힘들고 우울하지만 겉으로 드러내거나 제때 적극적인 진단과 치료가 이루어지지 않아 극단적인 결과로 이어지는 경우가 많다고 추측할 수 있다.

나이가 들수록 몸이 점점 무겁게 느껴지는 것처럼 마음도 점점 무거워질 수 있다. 중년의 우울감은 성별이나 직업의 유무, 경제적 차이를 떠나 누구나 겪을 수 있는 일이다. 부부가 함께 그 시기를 잘 이겨낼 수 있도록 서로를 격려하고 노력하는 자세가 필요하다.

부부는 함께 희로애락을 경험하며 세월을 쌓아가는 동안 그 속에서 멀어지기도 하고 가까워지기도 한다. 그 흐름에 중년이라는 과정도 함께한다. 누구나 경험하는 정서예측의 오류와 편향성을 넘어서기 위해서는 노력이 필수다. 오래 행복하게 사는 부부 사이에는 맹목적 사랑이나 로맨스보다는 일상에서 함께 만들어가는 현실적인 사랑이 단단하게 자리 잡고 있다. 그리고 서로에 대한 작은 노력들이 일상을 더욱 활력 있고 행복하게 만들어준다.

마음 체크업

누구나 결혼의 시작은 서툴고 어렵다. 2020년 통계청이 발표한 혼인·이혼 통계에서는 혼인 지속 기간 20년 이상이 전체 이혼의 37.2%를 차지하고, 연령별 이혼율은 남자 40대 후반이 1,000명당 0.8건으로 가장 높게 나타났다. 실제 우리 주변만 둘러봐도 중년에 서툰 결혼 생활을 이혼으로 마무리하는 부부를 종종 본다.

부부 관계는 사람 속만큼이나 복잡해서 심리학자들에게도 중요한 연구 대상이다. 워싱턴대학의 존 가트만John Gottman 교수는 결혼 안정성과 관계 분석에 대한 연구로 유명한데, 부부 행동을 3분만 관찰하면 이혼 여부를 예측할 수 있다고 주장한다. 실제로 그의 모델은 정확도가 90%를 넘어섰고, 그로 인해 20세기 가장 영향력 있는 치료사 중 한 사람으로 인정받기도 했다.

그 예측 모델은 아래 4가지 행동을 살펴본다. 만약 본인이 이 중 하나 이상의 항목에 해당한다면 이혼 예측 정확도 90% 확률의 범위 안에 들어감을 유념하자.

1. **비난** : 배우자의 서툰 행동에 대해 불평하는 것이 아닌 상대의 성격을 공격하는 것
2. **경멸** : 우월한 위치에서 배우자를 폄하하고 빈정거리거나 욕하며 무시하는 것
3. **방어** : 배우자에게 모든 책임을 떠넘기며 자신은 무고한 피해자 행세를 하는 것
4. **벽 쌓기** : 문제를 피하고 상대의 말을 무시하고 등을 돌려버리는 것

만약 위의 행동 중 하나라도 해당되는 것이 있다면 관계 회복을 위한 노력을 기울여야 한다. 행복한 부부 관계를 위한 노력에도 단계가 있다. 첫 번째, 존 가트먼 교수의 4가지 부정적 행동과 같이 서로의 마음에 상처 주는 행동을 당장 그만둔다. 두 번째, 일상에서 부부간의 긍정적인 대화를 나눈다. 마지막 세 번째, 함께 긍정정서를 느

끼고 서로를 돌보는 긍정울림을 만들어간다. 멈추고, 나누고, 만들 것! 그것이 핵심이다.

존 가트면 교수의 연구 결과, 안정적인 관계를 유지하는 부부는 대화에서 긍정과 부정의 비율이 5:1로 나타났다. 경청하고 감사하고 배려하고 농담을 공유한다. 어떻게 하는 건지 감이 잘 안 잡힌다면 앞서 소개한 3GT를 부부가 함께 해보는 걸 추천한다. 함께 3GT 다이어리를 써도 되지만 이왕이면 아침이든 저녁이든 잠깐 시간을 내어 하루 중 좋았던 일 3가지에 대해 대화를 나눠보자.

보통은 배우자와 하루 중 힘들었던 일을 공유하며 서로 위로도 하고 위안을 삼는다. 하지만 부정적인 감정을 나누면 주변에 전염되기 쉽고 자칫 그 감정을 더욱 확대시키기도 한다. 3GT 대화는 처음에는 당연히 낯설고 어색하고 부끄러울 수 있다. 하지만 하나씩이라도 꾸준히 해보는 것이 중요하다. 실제 실험에서 3GT 활동을 일주일만 꾸준히 하더라도 우울감이 감소하고 그 효과가 6개월까지 지속됐다는 사실을 기억하자.

마지막 단계의 긍정울림은 현실에서 경험하는 사랑이다. 바바라 프레드릭슨 교수는 사랑이라는 감정을 과학적으로 연구하여 긍정울림이라는 개념을 소개한다. 인간의 역사를 살펴보면 소위 '사랑해서' 결혼하는 것은 근대 사회의 일이고, 사람들 마음속 사랑에 대한 이미지는 대부분 자본주의 마케팅이 만들어낸 로망이자 허상에 가깝다고 주장한다. 그래서 실제 사랑은 일상에서 매 순간 경험할 수 있는 사소한 감정임에도, 잘못된 선입견으로 영화 속에서만 볼 법한 드라마틱한 러브 스토리로 대리 사랑을 채우고 사는 사람들이 많다는 것이다.

프레드릭슨 교수의 긍정울림 이론에 의하면 사람은 누구나 사랑을 만들 수 있고 경험할 수 있다. 배우자와 진짜 사랑을 경험하고 싶다면 아래 3가지 조건을 기억하자.

1. **생물학적 동시성** : 배우자와 같은 공간, 같은 시간에 같은 행동을 할 것

2. **정서 공유** : 두 사람 모두가 좋아하고 즐기는 활동을 선택할 것

3. **상호 돌봄** : 상대방이 잘하고, 잘되기를 바라는 마음을 가질 것

부부가 나란히 카페에 앉아 각자 좋아하는 책을 읽다가 잠깐씩 대화를 나누고 서로에게 경청하는 모습을 떠올려보자. 또는 부부가 함께 골프 연습장에서 신나게 스윙 연습을 하며 서로를 격려해주는 모습도 좋다. 같이 산책하며 자연을 음미하고 서로의 삶을 공유하고 응원해줄수도 있다. 단순히 같은 공간에 있고 같은 활동을 하는 게아니라 그 활동을 두 사람 모두가 즐겨야 하고, 서로에 대한 돌봄이 함께할 때 사랑이라는 감정을 느낄 수 있다.

부부는 일심동체라고 하지만, 평생을 다르게 살아온 두 사람이 갑자기 한 마음이 된다는 게 어디 쉬운 일이겠는가. 다만 같은 지향점을 바라보고, 같은 감정을 느끼고, 같은 경험을 공유하는 영역을 확대해나가는 긴 과정에서 긍정적인 경험의 비율이 높아지고, 일상이 긍정울림의 시간으로 채워진다면 정확한 정서 예측을 하더라도 결혼이라는 제도를 다시 선택하게 될 것이다.

1. 배우자의 좋은 점 떠올리기

배우자와 처음 만났을 때 나는 배우자의 어떤 점이 좋았나요? 배우자의 장점, 강점, 매력 등 최소 10가지를 적어봅니다. 그리고 일상에서 배우자의 좋은 점이 계속 발휘될 수 있도록 관심을 가지고 이야기해줍시다.

1 _____

2 _____

3 _____

4 _____

5 _____

6 _____

7

8

9

10

2. 추억의 장소에서 감사 고백하기

반복되고 익숙한 일상은 감정을 무디게 만들 수 있습니다. 예전에 데이트를 즐겼거나 특별한 시간을 보냈던 공간을 찾아가 그때의 하루를 다시 한번 살아봅니다. 함께했던 공간이 사라지고 없다면 비슷한 위치나 분위기에서 그날 먹었던 음식을 먹어보세요. 지워져가는 기억을 그 공간과 감각들이 다시 살려줄 수 있습니다. 마지막으로 그 기분에 잠시 취해 배우자에게 감사한 부분을 말해보시기 바랍니다. 감사 고백도 사랑 고백만큼 가슴을 뛰게 합니다.

추억의 장소

그날의 기억

3. 사랑 설계하기

배우자와 함께할 수 있는 취미나 여가 활동은 무엇인가요? 두 사람 모두 좋아하는 활동이어야 합니다. 배우자를 끌고 가는 것이 아니라 먼저 상의해야 합니다. 그리고 그 활동을 통해 각자 기대하는 점에 대해 이야기 나눠보세요. 서로가 원하는 바를 이룰 수 있도록 격려하고 인정해주는 자세도 필수입니다. 즉 같은 공간에서 함께 행동하고 서로를 위하는 것이 평생 사랑을 지켜가는 방법입니다.

언제

어디서

어떻게

CHAPTER 6

자녀
"하루 10분, 아이 행복을 좌우한다"

◀

김 부장은 아이가 초등학생 시절에 함께 많은 시간을 보내지 못해 항상 미안한 마음이 남아 있다. 부장 진급을 위해 앞뒤 가리지 않고 일에 집중하던 시기였다. 옛날 사람처럼 일한다는 말을 듣기도 했지만 성실함이 나의 강점이라고 생각했다. 아무리 일에 매진해도 늘 시간이 부족했기에 항상 야근을 반복했었다. 그러다보니 아이가 한창 성장하던 시기에 대한 기억이 많지 않다. 주말에는 집에서 쉬기 바빴고, '아빠'라는 소리가 회사에서 내가 필요할 때 불리는 '김 부장'처럼 들리기도 했다.

그런데 최근 코로나 덕분인지 집에 있는 시간이 늘어나고, 아이와 함께하는 시간도 많아졌다. 이때다 싶어 아이에게 한 걸음 다가가려 하니 아이는 또 한 걸음 멀어진다. 중학생이 되면서 부쩍 사생활을 존중해달라기에 한 걸음 떨어져서 눈치껏 아이의 성장을 모니터링하고 있다. 큰 사고 안 치고 자라줘서 고맙기도 하고, 특별한 재능은 없는지 궁금하기도 하고, 게임이나 유튜브에 너무 빠져 지내는 건 아닌가 걱정도 되지만 그저 조용히 지켜보는 중이다.

중년의 기업 리더들과 마음 관리 워크숍을 진행하다보면 일이 아닌 가정에 관한 이야기가 나올 때가 있다. 그들의 아버지는 OECD 최고의 노동시간을 자랑하고 경제적, 사회적 책임을 전담하는 대신 집안일 면제권을 부여받았었다. 반면 그들의 자녀는 개인 가치와 시간을 중시한다. 이제는 두 집 중 한 집은 부모가 맞벌이를 하며 가정 내 아버지의 역할도 달라졌다. 현재 중년 남성의 입장에서 보면 내가 경험한 아버지상과 현시대가 요구하는 아버지상의 차이가 너무 크다. 나보다 어른인 사람들에게는 배우지 못한 새로운 아버지상으로 나를 만들어가야 하니 막막함과 어려움이 가득하다.

심지어 우리 팀 신입사원은 나보다 우리 아이의 나이

에 가깝다. 그들과 필요한 정보는 주고받지만, 거리감이 있다. 생각하고 감정을 나누는 방식이 다른 그들이 김 부장을 멀게 느끼는 만큼 김 부장도 그들이 멀게 느껴진다. 김 부장은 우리 아이와도 이렇게 멀어지는 게 아닐지, 점점 자기만의 삶을 만들어가는 아이가 대견하면서 섭섭하다. 미안함, 아쉬움, 걱정 등 다양한 감정이 그를 집에서 더 조용하게 만들고 있다.

한편 워크숍에서 남들보다 일찍 결혼한 양 부장의 이야기에 다들 귀를 기울였다. 다들 중·고등학교 사춘기를 보내고 있는 자녀의 아빠인 반면 그는 벌써 두 딸이 대학을 다니고 있다. 양 부장은 아이들 이야기를 할 때면 얼굴에 웃음꽃이 핀다. 딸이랑 주말에 서점도 가고 카페도 가는데 심지어 애들이 사춘기도 없이 잘 자라줘서 정말 고맙다고 한다.

김 부장은 자녀가 성년이 되어서도 아빠와 여가를 즐겁게 보내는 생경한 풍경이 부럽기도 하고, 우리 아이들이 대학에 가면 나와 어떤 관계가 될까 심란해지기도 한다. 양 부장도 다른 부장들처럼 치열하고 바쁜 직장 생활을 해왔는데, 과연 비결이 뭘까?

"우리 집은 아이들이 어릴 때부터 매일 아침 30분씩 독서 시간을 가졌어요. 물론 저도 읽고 애들 엄마도 읽었습니다. 그러다보니 가족끼리 대화도 많이 하고 더 가까워진 것 같아요."

근처에 앉아 있던 김 부장은 겉으로는 고개를 끄덕였지만, 자신의 중학생 아들이 과연 매일 30분 독서를 할까 싶어 이미 마음속으로 고개를 절레절레 흔들었다. 그리고 무엇보다 자신도 책을 별로 안 읽기 때문에 양 부장네 이야기는 신화로 남겨야 할 듯했다. 그러면서도 이렇게 자녀와 멀어지면 안 될 것 같다는 생각에 걱정만 늘어난다.

간혹 사회적으로 유명한 사람들의 자녀 문제가 큰 이슈로 불거지는 경우가 있다. 본인은 기업 총수, 국회의원, 전문직 등 많은 사람들이 선망하는 직업을 가졌지만, 이들에게도 자녀 문제만은 쉽지 않은 듯하다. 3, 40대에 자기 일에만 몰입한 사람은 대부분 일과 가족의 균형을 잃게 되고, 더욱이 자녀 이슈에 대해서는 다른 사람보다 더 서툴고 자녀와 잘 지내는 방법도 모를 확률이 높다.

아이들과 상대적으로 시간을 많이 보내지 못하는 아버지일수록 불안할 수 있다. 아이가 어렸을 때는 아내에게 우리 아이가 영재일지도 모른다는 기대 부푼 이야기를 들은 적도 있었다. 그런데 아이들이 자랄수록, 현실을 인지할수록 바깥일로 바쁜 아빠에게까지 전달되는 이야기는 대부분 부정적이다. 아이의 진로와 성적 문제, 그 외 아이가 성장하는 데 주의 깊게 신경 써야 하는 부분들, 사교육비 등등 아이의 내밀한 사정보다는 아내를 통해 결과만 듣게 된다.

그러다보니 아이의 삶에 대한 정보를 캐묻기보다는 자신의 성장 경험에 의존해 아이의 상황을 유추할 뿐이다. 그 결과 부모로서 내 아이들이 인생의 시행착오를 덜 겪었으면 하는 애정 어린 마음은 듣기 싫은 잔소리로 전달되기 일쑤다. 나와 닮아서 좋은 것보다는 닮지 않았으면 하는 것은 어찌나 눈에 잘 띄는지. 이런 내가 아이에게 지금 해줄 수 있는 건 무엇일까.

마음 체크업

누구나 처음 부모가 되기에 양육 방식이나 기준에 대해

서툴고 부족함을 느낄 수밖에 없다. 계속 높아져만 가는 사회적 기준에 자녀를 맞추느라 정말 중요한 것을 놓치고 있진 않은지 점검해야 한다. 나의 자녀가 어떤 삶을 살기를 바라는가? 행복한 아이로 자라게 하려면 부모로서 무엇을 해야 할까? 스스로 질문해보자.

가정마다 삶의 기준도, 교육 방식도 다르다. 부모의 기준이 바로 서야 중심을 잡고 일관된 방향으로 자녀를 양육할 수 있다. 그러기 위해서는 요즘 가장 좋은 방식이 무엇인지 찾기보다는 무엇이 가장 우리 가족에게 맞는지 찾아야 한다. 어떤 방식이든 우리 가족이 다함께 행복하고, 더 나은 삶에 다가가고 있으면 충분하다.

사춘기는 봄을 생각하는 시기라는 뜻이다. 아이들의 마음에 봄이 한 번씩 찾아온다. 새로운 생각과 감정이 새싹처럼 자라나고 앞으로 다가올 여름, 가을, 겨울에 대한 무한한 상상력이 펼쳐진다. 청소년기를 흔히 가장 치기 어린 질풍노도의 시기라고 하지만, 인생의 정체성을 형성하는 중요한 과도기이기도 하다. 그 시기를 잘 보내야 꽃이 피고 열매가 맺힌다.

종종 부모는 아이를 위한다는 핑계로 아이가 스스로

제대로 자랄 기회를 빼앗는다. 조용하던 김 부장의 참을성이 바닥나면 사춘기 자녀의 가지치기를 위해 급하게 가위를 들 수도 있다. 제대로 줄기를 뻗어보기 전에 가지가 잘려나갈 수도 있고, 또는 조금이라도 다칠까 아예 유리관을 씌워 혼자 힘으로 자라날 기회를 빼앗을 수도 있다. 부모가 자기 아쉬움과 불안감 때문에 아이의 부족함에 더 집중해서 시간이 해결해줄 일도 괜히 긁어 부스럼을 만드는 것이다. 무엇보다 공감 없는 거친 문제해결은 아이의 마음을 닫아버릴 위험이 있다.

자녀에게 좋은 부모가 되고 싶다면 나의 부모, 나의 삶과 내면을 먼저 성찰해야 한다. 그리고 그 과정을 통해 자신의 바람이나 욕구를 자녀에게 투영하지 않고 아이가 스스로 선택하는 힘을 기를 수 있도록 기다려주고 심리적인 지원을 해줘야 한다.

나이가 들수록 내가 원했든 원하지 않았든 내 모습에서 내 부모의 모습을 발견할 때가 있다. 내 아이도 마찬가지다. 그토록 닮지 않길 바랐던 나의 단점과 습관을 아이가 닮았을 수 있지만, 자세히 뜯어보면 나를 닮아 좋은 기질과 성격도 분명 가지고 있다. 내가 가진 행복한 경험과 좋은 면들, 그리고 강점에 집중해보자. 나의 자녀에게도 이런 속성들이 숨어 있을 가능성이 크다.

내 아이의 약점을 부모가 판단해서 미리 가지치기하는 게 아니라, 다른 어떤 좋은 가지가 있는지 알려주고 이를 잘 키울 수 있도록 격려하고 응원하는 것이 부모의 역할이다. 자녀의 약점보다 내재한 강점과 긍정적인 자원들을 발견해주고 성장의 줄기가 될 수 있도록 지지해주자. 그게 바로 부모가 자녀에게 줄 수 있는 가장 큰 유산이다.

그렇다면 부모로서 자녀에게 해줄 수 있는 심리적 지원은 어떤 것이 있을까? 첫째, 아이의 강점을 발견하고 응원해준다. 부모의 인정은 아이의 자존감을 높여주는 방법이자 아이가 삶을 살아가는 동력이다. 둘째, 부모로서 자랑스러운 이야기를 들려준다. 나의 부모가 자신의 강점을 발휘해 난관을 이겨낸 이야기를 들은 자녀는 자신의 또 다른 가능성과 긍정적인 자아정체성을 발견할 수 있다. 셋째, 의도적으로 함께하는 시간을 갖는다. 특히 아이가 아직 어리다면 의도적으로 하루 10분이라도 함께하는 시간을 만들어보자. 아무리 바쁜 직장인도 하루 10분은 인생에서 가장 중요한 사람에게 투자해야 한다.

아빠의 미션은 10분 동안 아이를 행복하게 해주는 것이다. 레슬링도 좋고 그냥 꼭 안아줘도 좋다. 아니면 그냥 아이 옆에 앉아 있거나 아이에게 아빠와 대화하고 싶은 주제를 물어봐도 좋다. 아이가 청소년이라면 10분간 아이가 요즘 좋아하는 것에 관해 이야기를 나눠보자. 10분의 시간이 하루하루 쌓이면 아이와의 심리적 거리가 조금씩 가까워진다. 또 이런 과정들을 통해 아이는 자연스럽게 긍정울림을 경험하고 자신의 경험 속에 부모의 사랑을 자연스레 저장하게 된다.

자신의 어린 시절 기억을 떠올려보자. 어떤 기억이 먼저 떠오르는가? 사람들은 부분 기억을 조합해 자기 방식대로 왜곡하고 해석하여 저장한다. 자녀들은 어린 시절의 어떤 부분 기억을 갖고 있을까? 때로는 좋지 않은 기억이 떠오를 수도 있다. 부정 편향성으로 인해 안 좋은 기억이 오래가고 실제보다 더 강하게 기억될 수 있기 때문이다. 혹은 부모도 사람이기에 실수하고 잘못된 행동을 저지를 수도 있다. 어쩌면 내 노력과는 별개로 오점이 많은 부모로 기억될 수도 있다.

그러니 아무리 바쁘고 피곤하더라도 매년 한 번 정도는

오랫동안 기억할 긍정울림이 있는 특별한 경험을 자녀에게 선물해야 한다. 내 아이가 좋아할 만한 곳으로 여행을 가도 좋고, 간만에 가족끼리 외식하는 것도 좋고, 자전거나 인라인스케이트 가르쳐주기 같은 자녀들의 한 번뿐인 소중한 첫 경험들을 함께하는 것도 좋다. 자녀와 함께 특별한 추억을 만들어보자.

부모가 행복해야 아이가 행복하다. 부모가 불행하면 아이도 불행하다. 가족 관계와 가족 안에서의 경험은 인생 전반에 걸쳐 타인과의 대인 관계나 상호작용에 끊임없이 영향을 미친다. 그러므로 혹시나 자녀의 마음이 이미 굳게 닫혔거나 부모와의 심리적 거리가 멀다면 전문가의 도움을 받을 것을 추천한다.

그러나 가능하다면 하루 10분, 아이와 의도적으로 행복한 시간을 가지는 것부터 시작해보자. 만약 하루 10분의 투자가 부담스럽다면 이렇게 스스로 질문해보자. "회사에서 후배 1명을 육성하는 것과 우리 아이 1명을 잘키우는 것 중 내 삶에서 더 중요한 일은 무엇인가?" 딱 10분이다. 적어도 하루 10분은 나와 나의 가장 소중한 사람에게 투자해보자.

마음 피트니스

1. 자녀의 강점 찾기

먼저 자녀의 성격과 태도를 떠올려보고 좋은 점을 적어봅니다. 그 중에서 나를 닮았다고 생각하는 것을 적어봅니다. 아이가 15분 온 라인 설문 참여가 가능하다면 VIA 성격강점 진단(https://www.viacharacter.org/)을 소개하고 그 진단 결과에 대해 함께 이야기 나누는 것도 좋습니다. 아이의 강점을 찾았다면 그 강점을 평소 어떤 순간에 발견했었는지 이야기를 나눠보세요.

....

....

....

....

....

....

2. 아이 행복 하루 10분

앞으로 일주일 동안 하루 10분씩 아이와 함께 시간을 보냅니다. 아침 출근 전이나 조금 늦은 저녁 시간도 좋습니다. 누구나 할 수 있는 7가지 행복 미션에 도전해보세요. 아마도 어떤 미션은 쉽고 어떤 미션은 어려울 수도 있습니다. 자녀를 행복하게 만드는 것이 아니라 자녀와 함께 즐겁고 의미 있는 시간을 만드는 것이 목적입니다. 그리고 수행 여부와 느낀 점을 기록해보세요.

	행복 미션	수행 여부	느낀 점
1	이유 없이 깜짝 용돈 주기		
2	아빠가 반한 엄마의 장점 3가지 알려주기		
3	자녀를 꼭 안아주고 10초 세기		
4	자녀가 좋아하는 간식 몰래 사다놓기		
5	자녀에게 직접 요리해주기		
6	자녀에게 감사 카드 쓰기		
7	자녀와 함께 셀카 찍기		

3. 아이와 둘이서 여행

공간은 기억을 오래 유지하는 데 도움 됩니다. 아이와 단둘이서 특별한 지역으로 여행 계획을 세워봅니다. 상황이 여의치 않으면 당일치기도 좋습니다. 아이가 아직 어리다면 여행을 꼭 도전해보시기 바랍니다. 아이를 24시간 돌보는 것이 힘들긴 하지만 그만큼 소중한 추억이 쌓이고, 오랜만에 혼자 자유시간을 보내는 아내도 행복해집니다. 자녀가 학생이라면 취향 저격에 도전해보시기 바랍니다. 농구, 클라이밍, 등산, 서바이벌 게임처럼 엄마는 어려울 수 있지만 아빠는 잘할 수 있는 활동들이 꽤 있습니다. 1년 중 하루는 멋진 추억을 위해 아이의 1:1 맞춤 여행 가이드가 되어봅니다. 언제, 어디로, 어떤 콘셉트의 여행을 떠날지 계획을 세워보세요.

언제

어디로

콘셉트

CHAPTER 7

상사
"피할 수 없다면 마음먹고 대처하자"

▲

◀

"언제 가장 동기부여가 되나요?"라는 질문에 한 참가자가 대답했다. "상사가 출근하지 않았을 때요." 모두가 웃었다. 심지어 그 자리는 임원 승진자들을 위한 동기심리학 기반의 리더십 과정이었다. 직급을 막론하고 상사와의 관계는 늘 어느 정도의 긴장과 스트레스를 동반한다.

CEO 후보인 전무나 상무가 되어도 상사와의 심리적 고충이 있다. 소위 회사에서는 높은 직급에 있는 사람들끼리도 서로 이해 못 하는 상황이 발생하고, 서로 예의를 차리는 비즈니스 관계에서도 겉으로는 드러내지 않아도 섭섭함과 답답함이 교차한다. 다만 이제 그런 감정들은 스스로 삭힐 수 있고, 사사로운 감정들을 업무와 분리한지 오래됐을 뿐이다. 다들 강철멘탈처럼 보일 뿐 그들도 하루하루 마음속 구멍을 메우고, 보이지 않는 적을 잡기 위해 애쓰며 살아간다.

2명의 CEO가 있다. 두 사람 모두 크게 성공한 리더였다. 한 사람은 중견 건설사 대표로서 수천 억대 사업에 대한 의사 결정권을 갖고 있다. 또 한 사람은 대형 쇼핑몰의 대표로서 많은 직원을 데리고 사업을 키워나가고 있다. 두 사람 모두 누가 봐도 물질적으로 윤택한 생활을 영위하고 사업도 승승장구하며 완벽한 삶을 살고 있었다.

그런데 그들의 마음속에는 위기가 찾아오고 있었다. 외적으로는 큰 성취를 이뤘지만, 한순간에 이것들이 없어질 수 있다는 두려움과 어떻게 이것들을 지켜갈지에 대한 고민이 커졌다. 주변 사람들이 언제 나를 떠날지 혹은 배신을 할지 알 수가 없는 노릇이었다. 자신의 성취가 커질수록 마음의 구멍도 커지고 깊어지고 있었다.

이들에게 성공과 행복은 같은 방향이 아니라 서로 반대 방향처럼 보인다. 성공을 위해 일상의 행복을 포기한 대신 스릴감, 중독, 쾌락 등의 대체재들로 이를 대신 채워왔다. 술을 마셔야 울적한 기분이 사라지고, 다른 사람들이 사지 못하는 물건을 사거나 쉽게 할 수 없는 일을 할 때 스스로 위안이 되었다. 누군가 행복하냐고 물으면 행복해야만 할 것 같은 나의 외부 조건들 때문에 그렇다고 대답은 하지만, 이 조건들이 나의 진정한 행복이 아니라는 딜레마도 동시에 느낀다.

시간이 흘러 이들은 각각 다른 길을 가게 된다. 한 CEO는 자신의 마음 문제를 인식하고 심리학 기반의 리더십 과정에 1년을 투자하여 마음 관리 역량을 키웠고, 또 다른 CEO는 마음 문제를 덮어두고 끝까지 사업 확장에만 모든 걸 걸고 더욱더 자극적인 삶을 살아갔다.

내면 관리에 투자한 CEO는 자신이 완벽을 추구하는 만큼 한편으로 불안하다는 것을 알아차렸다. 완벽을 위해 자신뿐 아니라 주변 사람에게도 항상 완고해질 수밖에 없었다. 자신의 이런 성격이 비즈니스 동력이었지만 동시에 한계라는 걸 깨달았다.

변화의 시작은 단순했다. 출발은 3GT 활동이었다. 6개월 동안 3GT를 지속하니 주변에 좋은 사람과 좋은 일이 눈에 들어오기 시작했다. 그리고 회사에 출근할 때마다 직원들에게 먼저 인사를 하기 시작했다. 이전에는 아무와도 인사하지 않고 항상 무표정으로 출근하는 리더였다.

지금도 그는 비즈니스적인 날카로움과 최상의 결과물을 좇지만, 자신의 또 다른 부드러운 면으로 균형을 잡고 있다. 일터에서 직원과 소통이 원활해졌고, 이는 자연스럽게 조직 전체의 분위기를 바꾸었다. 삶과 사업에 대한 고민은 여전하지만, 이제 성공과 행복이 한 방향을 보는 삶이 시작되었다고 말했다.

또 다른 CEO는 계속되는 불안감을 들키지 않기 위해 더 과감하고 더 위험한 결정들을 이어갔다. 감정 자체를 누르며 살아가다보니 자신이 저지르는 과오에 대한 부끄러움도 별로 느끼지 못하게 됐다. 자신의 위치를 과시하기 위해서 주변 사람들에게 고함을 치고 사람들을 무시했고, 누군가 자신을 지적하면 마음이 복잡해져 자신도 모르게 화를 내기도 했다.

그러다 안타깝게도 시장 상황이 급변하여 사업에 위기를 맞이하게 되었다. 많던 주변 사람들이 순식간에 사라졌고 문제의 모든 책임이 자신에게로 집중되었다. 예상은 했지만 그래도 받아들이기 힘들었다. 상황이 점점 악화하자 간과 쓸개까지 내어줄 것 같던 사람들이 모두 등을 돌렸다. 그는 결국 대단한 CEO에서 한순간에 경제사범이 되어버렸다. 내가 무엇을 위해서 이렇게까지 노력했는지, 나의 행복은 어디에 있는 건지 스스로 질문을 던져보다가 이내 다짐한다. 다시 사업을 일으켜서 내 자존심을 되찾겠다고.

마음 체크업

보통 조직에서 능력을 인정받고 성과를 잘 낸다는 사람들은 좋게 말하면 인정이나 사람에 이끌리기보다는 냉철하고 이성적이라는 칭찬을 듣는 경우가 많고, 나쁘게 말하면 냉정하고 자기중심적이며 성과지향적이라는 비판을 듣는 경우가 많다.

2010년 범죄심리학자 로버트 헤어Robert D. hare 교수의 한 연구 결과에 의하면 기업의 리더 5명 중 1명은 사이코패스 성향이 있고, 특히 CEO는 일반인과 비교해 그 확률이 3배 이상 높다고 한다. 즉 성과가 높은 사람들은 자기중심적이고 냉정하며 공감 능력이 없고 자신의 업적이나 주변의 인정과 검증에 대한 욕구가 강할 가능성이 크다. 때로는 특권 의식이 있으며 특별한 대우를 기대하기도 한다. 간혹 목적을 이루기 위해서라면 부끄러운 행동도 서슴지 않고 타인의 희생도 당연히 여긴다.

이러한 리더 유형에 대해서는 명암이 엇갈린다. 불확실한 시장 상황이나 시대에 감정적으로 흔들리지 않고 과감한 의사 결정으로 기업의 미래를 바꿀 수도 있다. 성취나 성공이 자신의 자존감과 직결되기에 일에 대한 과몰입이 나타나고 성과 측면에서는 돋보일 때가 많다.

하지만 그만큼 반대로 그 사람의 마음이 공허하거나 주변 사람들이 힘들 수 있다. 감정을 주관하는 뇌를 의도적이든 의도적이지 않든 계속 사용하지 않다보면 결국 주변인과 감정을 공유하는 데 서툴고 일상의 행복감도 느끼지 못한 채 살아가게 된다. 이런 리더와는 일하기도 매우 어렵다. 동기도 떨어지고, 그들의 장단을 맞추느라 일의 효율성도 저하된다. 비열하고 충동적인 리더를 좋아하는 직원은 없다. 당연히 사무실에는 적막이 흐르고 모두 리더 눈치만 보게 된다.

반대 유형의 리더도 존재한다. 소위 감성 지능이 높고

부하 직원들의 고충을 헤아려주고, 불확실한 상황 속에서도 침착함이 돋보이는 리더들도 분명히 있다. 보통 이런 리더들은 자신의 성과를 과시하기보다는 부하 직원들과 함께한 조직의 성과를 강조하기 때문의 개인의 업적이 잘 부각되지 않는다. 그래서 윗사람들에게는 잘 드러나지 않아도 아랫사람들에게 존경받고 있을 가능성이 크다.

지금 본인의 상사를 떠올려보자. 어떤 유형이든 계속 함께 일하다보면 자연스레 영향을 받게 된다. 운이 좋아 긍정적인 리더와 함께 일하고 있다면 감사함을 가지고, 배울 점을 찾아 자신의 리더십 역량을 키워가길 바란다. 반대로 지금 상사가 정서적으로 메말라 있거나 충동적인 감정 표현이 잦다면 자신의 마음 관리 이상의 적극적인 조치가 필요하다. 그렇다면 어떻게 대처할 수 있을까?

첫 번째, 지금 상사에게 대처하는 내 방식을 바꾼다. 아마 현재 상사로 인한 스트레스가 높을 것이다. 이유는 제각각이겠지만, 모든 리더는 쉽게 바뀌지 않는다. 그래서 지금 상사와의 갈등에 답이 없다고 포기하고 무력감에 빠졌을 수도 있다. 즉 상사의 행동과 말투 하나하나가 못마땅하고 스트레스가 되지만 그냥 참고 하루하루를 버티는 것이다.

긍정심리학자 마틴 셀리그만Martin Seligman은 이렇게 무기력한 상황을 낙관주의 학습으로 극복하는 방법을 소개한다. 상사의 말 한마디, 행동 하나하나에 자기도 모르게 떠오르는 자동적 사고(생각이나 믿음)가 행동에 영향을 미친다. 아주 오래된 사고방식 패턴 때문이다. 스스로 문제를 인식하기도 전에 이미 감정이나 행동의 변화가 겉으로 나타나는 것이다. 따라서 자신의 사고방식 패턴을 확인하고 이를 바꾸면 비슷한 상황이 또 벌어져도 다르게 행동할 수 있어진다. 이는 결국 상황 자체를 바꾸는 변인이 된다.

교육에 참여한 최 상무는 새로운 CEO가 부임하고 회사에 가기 싫어졌다. 매번 나를 무시하는 것 같아 회의를 할 때마다 불편했다. 그는 자신이 회의 시간에 느꼈던 긴장과 두려움의 원인을 생각해봤다. 그 상사가 시킨 일이 부당하게 느껴져 싫었던 게 아니다. 사실, 내가 느낀 불편한 감정의 원인은 '그는 직원을 힘들게 하는 독단적이고 배려 없는 사람이라 내가 실수하거나 눈 밖에 나는 행동을 하면 안 된다'라는 생각이 컸기 때문이었다. 실수해서는 안 된다는 강박이 두려움을 만들었고, '이게 다 저 사람 때문이야'라고 내 행동을 합리화하는 구실을 찾아냈다.

내 안의 두려움은 결국 내 생각이 만들어낸 것이다. 상사를 보며 가졌던 생각은 단지 내 생각일 뿐 사실이 아니었음을 알아차리자 더 이상 회의 시간이 두렵지 않고, 상대가 아닌 내 일에만 집중할 수 있게 됐다.

두 번째 방법으로는 상사를 품을 수 있을 만큼 내 마음의 그릇을 키우는 것이다. 사실 일하다보면 정말 리더감이 아닌 사람이 자신의 상사가 될 때가 있다. 외부에 드러나진 않지만, 내부 직원들은 리더가 윤리적인 선을 넘고 파괴적으로 행동하는 것도 옆에서 지켜봐야 한다. 혹은 사람은 너무 좋지만 무능력하고 리더십이 없는 사람을 상사로 만날 때도 있다.

이런 스트레스가 계속되면 상사를 만날 때마다 마음이 혼란해지거나 혹은 최대한 신경 쓰지 않거나 상처받지 않으려고 아예 마음을 꺼버리는 경우가 생긴다. 일부러 그 사람에 대해 최대한 무감각하게 만들려 애쓰는 것이다. 그러다보면 상사와 대화를 하는 중에도 잘 집중이

되지 않아 놓치는 부분이 많이 생긴다. 이런 상황이 반복되면 관계는 더욱 악화되고 만다.

마음의 그릇을 키우라는 뜻은 상사를 있는 그대로 수용하고 자애로운 마음을 가져보라는 것이다. 상사에게 잘 대하라는 뜻이 절대 아니다. '나를 위해' 그 사람에 대해 이미 차가워진 마음을 어느 정도 미지근하게는 만들자는 것이다. 그러려면 아무리 못마땅한 상사라고 하더라도 마음을 챙기며 대면하는 자세가 필요하다.

최 상무는 마음챙김 전문가의 도움을 받아 상사를 수용할 수 있는 넓은 마음을 가져보기로 마음먹었다. 업무 보고 미팅이 있는 날이면 아침마다 찾아오는 두통을 씻어내고 싶었다. 그는 미팅에 들어가기 전 잠깐 심호흡하며 마음속으로 되뇌었다. '그가 평안하기를… 그가 행복하기를… 그가 근심과 걱정에서 자유로워지기를….' 그러자 신기하게도 마음이 조금씩 편안해지고 두려움이 가시는 듯했다. 미팅은 여느 때와 같았지만 조금 더 편한 마음으로 준비한 내용을 말할 수 있었다.

마음이 평온해지면 눈앞의 상황이 명확히 보이고, 내가 할 수 있는 방법도 잘 떠오른다. 물론 내가 싫어하는 사람을 위해서 이렇게까지 해야 하나 회의감이 들 수 있다. 하지만 잊지 말자. 이 마음챙김은 그 사람을 위한 게 아니라, 내 마음의 평온과 안정을 위한 활동이다.

앞선 방법들을 시도해도 변화가 없다면 과감하게 긍정적인 다른 리더를 찾아가 조언을 구하거나 전문가의 도움을 받기를 추천한다.

1. 나의 리더십 스타일

내가 바라보고 따라가고 있는 상사는 어떤 유형인가요? 나르시즘 또는 사이코패스 쪽인가요? 혹은 정서 지능이 높은 쪽인가요? 함께 지내면 의식적이든 무의식적이든 내 상사의 영향을 받게 됩니다. 나는 리더의 어떤 모습을 닮아가고 있는지 돌아보고, 주변에서 존경받을 수 있는 상사가 되어봅시다. 나는 어떤 리더의 모습이 되어가고 있는지 써봅니다.

....

....

....

....

....

....

2. 긍정 리프레이밍 ABCDE

최근 상사 때문에 불편하거나 스트레스받은 일이 있었나요?
(Adversity) 그때 나의 반응(행동이나 감정 변화)은 어땠나요?
(Consequence) 이 반응은 어떤 생각에서 연결된 건가요?(Belief)
힘든 상황이 반복되면 보통 사람들은 혼자만의 생각 속에 갇혀버
립니다. 잠시 상황을 다르게 생각해보기 바랍니다.(Disputation)
내가 상황에 대해 해석하고 판단하는 생각을 스스로 검토해봅니
다. 내 생각이 사실인지? 내 생각이 문제 해결에 도움 되는지? 다르
게 상황을 해석할 여지는 없는지? 그리고 이 상황을 조금 더 긍정
적으로 전환할 수 있는 다른 대처 방법을 떠올려보고 시도해보기
바랍니다.(Energization)

Adversity

상사 스트레스

Belief

나의 생각

Consequence

나의 반응

Disputation
다르게 생각해보기

Energization
다른 대처 방법

3. 자애 명상

리더와의 관계 문제가 심각하다면 조용한 장소에서 혼자 명상의 시간을 가져보세요. 마음이 평온해지면 상사에 대한 자신의 마음 문제가 더욱 명확하게 보입니다. 본인이 관계를 직접 풀고 싶다면 '자애 명상'을 통해 관계에 대한 마음의 온도를 높이고 마음의 크기를 키워보는 것도 좋습니다. 그분의 건강, 행복, 평온을 마음속으로 빌어보고 진심으로 그와 대면하길 바랍니다.

명상을 통해 본인이 혼자서 풀 수 있는 문제가 아니라고 판단된다면 주변 사람이나 전문가에게 도움을 요청하세요. 명상을 통해 상황을 무조건 수용하라는 것이 아니라 상황을 보다 명확하게 인식해 더 현명한 판단과 적극적인 대처를 하는 것입니다.

리더를 떠올리며 자애 명상을 해보고 느낀 점을 작성해보세요. '그가 평안하기를… 그가 행복하기를… 그가 근심과 걱정에서 자유로워지기를…'

....

....

....

....

....

CHAPTER 8

후배

"일터 속 관계에도 고품질이 있다"

▲

◀

김 차장의 팀원 중 한 사람이 고함을 지르며 서랍장을 던지더니 뒤도 안 돌아보고 사무실을 뛰쳐나갔다. 그리고 그날로 퇴사를 했다. 김 차장은 그 장면을 20년 전에도 본 적이 있다. 이제 막 입사한 신입사원 시절이었다. 어느 고요한 오후 근무시간, 어떤 대리가 갑자기 고성을 지르며 종이를 하늘에 흩뿌리더니 가방을 챙겨 그대로 집으로 가버렸다. 사회초년생에게는 큰 충격이었다. 마치 영화 속 한 장면이나 범죄 현장에 있는 기분이었다. 다음 날 출근하니 그 대리 자리만 비어 있을 뿐, 다들 아무 일도 없었다는 듯이 업무를 보고 있었다.

그때로부터 20년이 흘러 차장이 된 자기 눈앞에서 이

런 상황이 벌어질 줄은 눈곱만큼도 상상하지 못했다. 이런 일이 벌어지기 전까지 팀 내에 문제가 있다는 걸 팀원 모두가 인지하고 있었지만, 그 누구도 어떤 이유에서인지 문제를 풀려고 하지 않았다. 팀을 이끄는 김 차장 역시 그 대리가 회사에 불만이 많다는 것을 알고 있었지만, 그걸 굳이 티 내는 그의 태도가 불편했고 마주하기 싫어 그냥 눈을 감아버렸다. 결국 갈등은 수면 위로 터져버렸고, 모두가 말은 안 해도 마음에 큰 상처를 받게 됐다.

20년 전의 X세대는 이제 조직의 리더가 되어 Y, MZ세대와의 차이를 경험하며 일하고 있다. 워크맨과 빼빼로로 대학 시절을 보내고, 관습에서 벗어나 자유롭고 자기주장이 강한 세대로 정의되었던 X세대는 이제 기성세대를 대표한다. 얼마 전만 해도 청년실업과 YOLO의 상징이던 Y세대들과 삶에 대한 관점을 논쟁했다면, 요즘은 편견 없는 무한한 다양성을 보여주는 MZ세대를 어떻게 받아들여야 할지 가늠조차 잘 안 된다.

어느 조직에서든 세대 갈등은 항상 존재한다. 세대를 넘어가면 틀림이 다름이 되고, 다름이 틀림이 되기도 한다. 그 변화 속에서 요즘 세대를 이해하려 애쓰다가도 회의감이 들 때가 있다. 개인의 자유시간은 칼같이 보장받기를 원하면서 정작 회의나 출근 시각에는 지각한다거나, 조직의 방향성은 존중하지 않으면서 개인의 가치관은 존중받기를 바라는 모습을 볼 때면 무엇이 다른 것이고, 무엇이 틀린 것인지조차 헷갈린다. 각자 자기가 이야기하고 싶은 사람과 세대 내에서만 이야기하다보니 세대 간의 결속력이 강해져서 부서 간의 사일로가 아닌 세대 간의 사일로 현상이 일어난다.

"요즘 친구들은 호의가 계속되니 권리인 줄 알아요!"
소통 워크숍에 참석한 김 차장이 조직 내의 세대 차이에 관해 이야기 하던 중 내뱉은 말이다. 기다렸다는 듯이 듣고 있던 다른 참가자들이 동의하면서 너도나도 고충을 토로하기 시작했다. 젊은 세대가 누리고 있는 호의가 무엇이냐고 묻자 그는 자신이 겪은 경직된 조직 문화를 그들이 겪지 않는다는 것 자체가 혜택이자 호의라며, 요즘 친구들은 얼마나 편하게 회사 생활을 하는지 모르는 것 같다고 답했다.

김 차장의 마음을 모르는 바는 아니지만, 후배들은 그저 현시대에 맞는 조직 문화를 경험하고 자신의 가치관에 따라 행동하고 있는 것뿐이다. 그런 후배들의 기본값에 '호의'라는 이름을 붙이면 그들은 응당 선배에게 고마워해야 하는 존재가 되어버린다. 후배 입장에서 보면 뭔가 억울한 설정값이 아닐까? 그렇기에 그들이 이러한 상황에 '꼰대'라는 이름을 붙여 온몸으로 거부하는 걸지도 모른다.

할 말 다 하면 꼰대가 될 것 같은 선배와 시키는 대로 다 하면 호구가 될 것 같은 후배가 끊임없이 눈치 게임을 하며 적당히 불편한 관계를 유지하는 요즘. 과연 어떤 선배가 좋은 선배이고, 좋은 선배의 역할이 무엇인지 고민하게 된다.

(마음 체크업)

미국 스프링타이드연구소에서 이른바 Z세대라고 불리는 사람들 7,000명을 대상으로 일과 삶의 조화에 대해 질문했다. 그 결과 직장 생활에서 가장 중요하게 생각하는 것이 '상사와의 관계'였고, 80% 이상이 직장 내 멘토링을 통해 성과 목표에 대한 도움을 받고 싶으며 상사가 자신에게 관심을 가져주기를 원한다고 답했다.

우리는 종종 후배들이 선배를 좋아하지 않는다고 생각하지만, 후배들은 의외로 선배에게 삶의 지혜와 업무 지식에 대한 조언을 받아들일 준비가 되어 있다. 그럼에도 선배의 역할이 어렵게 느껴지는 이유는 무엇일까? 어떻게 하면 선배의 역할을 잘 수행할 수 있을까?

만약 김 차장이 그 대리의 불만을 깊이 들여다보고 자기 생각을 솔직하게 이야기했으면 어떻게 되었을까? 소통한다고 문제가 바로 해결되지 않을 수 있지만, 서로에게 마음의 흉터로 남을 사건까지는 발전하지 않았을 것이다. 사람 속마음이야 다 알 수 없지만, 김 차장은 다른 일 때문에 그 문제에 관심을 끄고 있었고, 그 대리는 그 문제 때문에 다른 일을 하지 못했다.

갈등의 순간에 우리 마음은 복잡해진다. 누구나 갈등에 처하면 여러 생각과 감정이 휘몰아쳐 가슴이 답답하고 뒷골이 당기거나 얼굴이 붉어지기도 한다. 마음은 또 얼마나 바빠지는지, 이 생각, 저 생각으로 바쁘고 그 생각을 안 하려는 생각으로도 바쁘다. 그러다보니 외부 정보를 받아들일 여유가 없어진다. 지금 일어나고 있는 갈등의 원인은 물론이고 상대방의 마음을 들여다볼 여유가 없다. 다른 것 중에 틀린 것도 찾아야 하고 틀린 것 중에 다른 것도 찾아야 해결안이 보이는데, 이를 인식하고 처리할 마음의 기능은 이미 꺼져버렸다.

그래서 시중에 나온 많은 갈등 관리 프로그램들은 반드시 마음 부분을 짚고 넘어간다. 문제를 해결하기 위해서는 문제를 객관적으로 보고 관련된 정보들을 수집하는 게 기본인데, 마음이 복잡한 상태에서는 인지 기능이 떨어지게 된다. 이유가 무엇이든 부정정서가 마음에 가득 차면 시야가 좁아지고 행동이 급해진다. 평소 자기 성찰이 없는 사람들은 동일한 인지 및 판단 오류를 범하게 되고 그때는 내가 흥분해서 실수했다, 성급했다는 후회를 반복하고 만다. 따라서 정말 갈등을 해결하고 싶다면 자기 마음 상태를 알아차리는 것부터 시작해야 한다.

후배와의 갈등은 언제든지 생길 수 있다. 늘 좋을 것 같던 관계도 삐거덕거리는 순간이 있기 마련이다. 긍정심리가 마음의 질병을 예방하듯 긍정 관계는 갈등을 예방하고 빠른 회복을 돕는다. 시대가 빠르게 바뀌고 있다.

이제 3040세대가 대기업의 임원으로 선출되기도 하고, 5060세대가 기업의 인턴으로 들어가는 시대이다. 누구의 생각이 틀리고 맞는지 따지기보다는 어떻게 서로의 차이를 이해하고 함께 잘 일할 수 있는지로 관점을 돌려야 한다.

미시건대학의 긍정조직센터에서는 조직 내 고품질 관계High-quality connection를 만드는 업무 공감 지원Task-enabling 방법을 소개하고 있다. 후배에게 무작정 일하는 방식을 알려주는 게 아니라 후배의 상황을 충분히 이해한 후 그들에게 필요한 나의 자원과 기술을 제공하는 방식이다. 그저 잘해주고 싶은 마음보다 실질적으로 일을 잘하도록 도와주고 이런 경험을 통해서 긍정 관계를 만들어가는 것이다.

다음의 업무 공감 지원 5단계를 살펴보고 현재 자신은 후배들을 어떤 방식으로 돕고 있는지, 혹은 어떻게 개선할 수 있는지 생각해보자.

1단계 - 나는 어떻게 지원받고 있는지 성찰하기

지금 본인이 맡은 일도 깊게 들여다보면 주변 상사나

후배의 지원 덕분에 가능한 것이다. 하지만 동료의 지원은 효율적일 때도 있고 비효율적일 때도 있다. 일할 때 어떤 식으로 지원하는 것이 좋은지 나의 경험을 기준으로 한번 생각해보자.

2단계 - 지원하고자 하는 후배 선정하기

현재 내가 일하면서 지원해주고 있는 후배는 누가 있을까? 그들과의 관계가 어떤지 돌아보고, 혹시 지원이 필요한데 내가 놓치고 있는 사람은 없는지도 떠올려보자. 조직에 나의 지원이 어떤 영향을 미치는지 돌아보고 우선 지원할 대상을 선정하자.

3단계 - 현재 나의 지원 방식 분석하기

2단계에서 선정한 후배를 평소에 어떻게 지원하고 있는지 돌아보자. 후배에게 지식 공유하기, 마감 기한 늘려주기, 업무나 경력에 도움 되는 사람을 소개해주기, 피드백 주기, 응원해주기, 좋은 프로젝트 배분하기 등등 내가 지원하는 방식의 효율성을 점검해보자. 지금보다 더 효율적으로 업무를 지원하는 방식은 없을까?

4단계 - 기술과 자원 제공하기

후배를 위해 활용 가능한 자원 리스트를 만들어보자. 자원이라고 하면 시간, 경험, 동기부여, 인맥 연결, 공감, 보호 등등이 있다. 떠오르는 대로 적어보고 여기에서 지금 해주고 있는 것 외에 앞으로 더 해주고 싶은 것을 추가하자.

5단계 - 반복적으로 지원하기

앞 단계에서 얻은 인사이트를 활용하여 이 후배를 위한 지원 방법 3가지를 만들어 지속해서 실천하자. 일터에서 매일 마주치는 그 후배와의 관계가 조금씩 고품질로 개선될 것이다.

MZ세대는 실용적이다. 팀 내에서 느끼는 안정감, 소속감 나아가 소위 함께 일하는 정이 팀워크의 근간이었을 때가 있었다. 그건 지금도 유효하다. 다만 지금 조직으로 유입되는 세대들은 자기 성장과 실용성을 더 중요시할 뿐이다. 그들이 일을 잘할 수 있도록 지원해주는 것이 술이나 밥을 사주는 것보다 좋은 선배가 되는 지름길이다.

1. 후배와 관계 보기

후배 중에도 내 마음에 드는 사람이 있고 어쩔 수 없이 함께하는 사람도 있습니다. 하지만 내 마음이 불편한 만큼 그 후배의 마음도 불편할 가능성이 큽니다. 잠시 시간을 내서 그 후배의 상황을 적어보세요. 그가 요즘 자주 하는 말이나 행동도 좋고, 혹시 겪고 있을 어려움이나 미래에 대한 바람도 좋습니다. 어쩌면 내가 그 후배에게 보고 싶은 면이나 익숙하게 봐오던 면에만 집중했기 때문에 그가 어떤 상황이나 어려움에 처해 있는지 모를 수도 있습니다. 그의 상황이나 입장을 알고, 이해하면 도움을 줄 수 있는 방법이 쉽게 보입니다. 먼저 가까운 후배 1명을 정해 그 사람의 상황이나 어려움, 바람 등을 작성해보고 공감해보세요. 그리고 가능하다면 두 번째는 평소 불편하거나 어려웠던 후배를 대상으로 적어보세요.

이름 :
....

후배의 현재 상황과 어려움 :
....

후배가 자주 하는 말이나 행동 :
....

후배가 원하는 미래의 모습 :

후배에 대해 새롭게 알았거나 느낀 점 :

이름 :

후배의 현재 상황과 어려움 :

후배가 자주 하는 말이나 행동 :

후배가 원하는 미래의 모습 :

후배에 대해 새롭게 알았거나 느낀 점 :

2. 공감 기반의 지원하기

내가 관계를 개선하고 싶은 후배 1명을 떠올립니다. 위에서 떠올린 후배도 좋습니다. 이 후배를 위해 현재 내가 하고 있는 지원 활동을 써보고 그 방식이 효율적인지, 비효율적인지 점검해보세요. 그리고 새롭게 추가하거나 앞으로 더 자주 해주고 싶은 지원 활동이 있다면 기록해봅니다. 이 활동이 부담스럽거나 아이디어가 잘 떠오르지 않는다면, 앞서 다룬 <상사> 편 130쪽의 자애 명상을 함께 해보세요. 잠시 자신의 마음을 평온하게 만들고, 그 후배의 건강과 행복, 평온을 마음속으로 전해봅니다. 진심으로 돕겠다는 마음을 가지고 지원할 방법을 떠올려봅니다.

현재 지원 활동	공감 기반의 추가 지원 활동

◉ 시간, 조언, 경험, 동기부여, 응원, 기분 전환, 조직 적응 기술, 인맥 연결, 조직 내 자원(제도, 매뉴얼, 시스템 활용법, 관할 부서 및 선례 공유 등), 공감, 연민, 보호 등등

3. 강점 응원하기

스쳐 지나가는 선배의 말 한마디가 때로는 큰 힘이 됩니다. 평소 후배들의 행동과 태도를 관심과 애정을 가지고 관찰해보면 저마다의 강점이 보입니다. 이 강점을 잘 기억하고 있다가 기회가 될 때마다 칭찬해주거나 그 강점을 조직에서 키우는 방법을 조언해주세요. 특히 다양성이라는 세대 가치 속에 자신의 정체성을 중요시하는 MZ세대에게 개인 강점에 대한 인정은 그 어떤 업무 지원보다 힘이 될 수 있습니다. 후배들의 강점을 3가지씩 작성해보세요.

후배 이름	강점1	강점2	강점3

PART 3

다시 나를 찾는 마음

4050세대에게 죽음은 그리 낯선 단어가 아니다. 부모 세대의 장례식에 참여하는 횟수가 많아지고, 지인이나 한 다리 건너 아는 사람들의 갑작스러운 부고 소식을 종종 접한다. 당장 내 몸에 일어나는 노화만 봐도 이제 내 삶이 종착역에 가까워지고 있다는 게 실감 난다.

100세 시대에 50대는 말 그대로 삶의 중기이다. 누군가는 터닝포인트를 찍고 내려갈 일만 남은 지점이라고 생각하지만, 누군가는 인생 1막을 지나 또 한 번의 삶이 시작하는 지점이라고 여긴다. 나는 여생을 어떤 관점으로 볼지 진지하게 생각하는 지점이 바로 50이다.

물론 죽음은 예고 없이 찾아온다. 그 불안함이 종종 나를 무기력하게 만들 수 있다. 하지만 나이듦을 죽음에 가까워지는 것으로만 생각해버리면 남은 시간이 너무 가혹하게 길다. 남은 50년 동안 죽음을 기다리며 살아가는 거나 다름없으니 말이다.

이 책의 배경이 되는 긍정심리학은 역사가 불과 30년 정도밖에 되지 않았다. 사람들이 경험하는 부정정서나 정신적 질병에 관한 연구는 오래전부터 시행해왔지만, 긍정적인 정서와 생각에 관한 연구가 시작된 지는 얼마

되지 않았다. 기존의 심리학이 부정적이라는 뜻이 아니다. 그동안에는 일상생활이 어려운 마음 상태를 정상으로 데려오기 위한 연구에 집중했다면, 이제는 정상적인 마음을 일상에서 어떻게 유지하고 풍요롭게 만들지에도 관심이 늘어났다. 즉 마이너스에서 제로가 되는 방법에서 제로에서 플러스로 가는 길이 열린 셈이다.

사람들은 인생 1막을 사는 동안 돈, 일, 몸, 친구, 모임 중 어느 일부분에 열정을 쏟는다. 그래서 대부분 중년이 되면 삶의 균형이 어느 쪽으로든 기울어지기 마련이다. 인생 2막이 그리 기대되지 않는 이유는 이 때문이다. 그래서 부족한 점을 애써 외면하고 살아가려고 한다.

3장에서는 긍정심리학의 등장처럼 중년에 대한 프레임을 바꿔야 하는 이유와 필요성을 강조한다. 지금부터는 나에게 부족한 것이 아니라 내가 가지고 있는 것을 탐구해보자. 삶의 균형감을 찾으면 중년은 인생의 끝을 향하는 길이 아닌 설레는 인생 2막의 시작으로 다가온다.

여전히 인생을 급하게 뛰어가고 있다면 잠시 멈추자. 오래오래 행복하게 잘 살기 위해서는 마음과 행동에 새로운 전략이 필요하다.

CHAPTER 9

마음 웰빙
"마음도 행복해야 잘 사는 삶이다"

◀

"지금 난 잘 살고 있는 걸까?" 어느새 40대가 된 세 친구가 모인 자리에서 누군가가 묻는다. 10년 넘게 열심히 일만 했는데 왜 이렇게 여전히 아등바등 사는지, 삶의 의미를 못 찾겠다고, 행복한 삶이 도대체 뭐냐고 넋두리를 한다. 또 다른 친구가 뒤늦게 사춘기라도 왔냐며 핀잔을 주더니 행복한 삶에 관한 자기 소신을 펼쳐놓는다.

"내가 TV에서 보니까 어떤 학자가 그러더라고. 자기는 너무 치열하게 젊은 시절을 살았는데 돌아보니 다 부질없더래. 그래서 다 내려놓고 슬로우라이프를 시작하니까 행복해졌대. 인생 뭐 별거 있냐? 너무 아등바등하지 말고 내려놔야지."

그러자 다른 한 친구가 이야기한다. "배부른 소리 한다. 내가 너처럼 회사 월급 꼬박꼬박 나오고 내 집까지 있었으면 고민이 없을 거야, 임마. 돈 걱정 없이 여유롭게 살다 가는 게 잘 사는 거고 행복한 삶이지. 열심히 살아도 늘 제자리걸음만 하는 내 인생이야말로 너무 지친다. 내가 너라면 걱정이 없겠다." "됐고! 술이나 마시자. 이렇게 마음을 털어놓을 수 있는 친구 둘만 있어도 성공한 인생이랬어. 자 마시자." 그들은 술잔을 부딪치며 인생의 쓴맛을 안주 삼아 그렇게 또 웃어넘긴다.

과연 잘 산다는 것은 무엇일까? 인생 중반에 다가가도 결코 답을 내리기 쉽지 않다. 대충은 누구나 알고 있다. 건강하고, 돈에 쪼들리지 않고, 좋아하는 일 하고, 가족들 건강하고, 주변 사람들과 잘 어울리면 잘 사는 것이라고. 젊은 시절 한 번쯤은 다들 잘 살아보려고 애를 많이 쓴다. 하지만 인생 중반 즈음 되돌아보면 어느 하나 만만한 것이 없다. 중년이 되면 몸에 문제가 나타나고, 주변을 보면 나 빼고 다 투자에 성공한 것 같고, 정말 내가 좋아하는 일이 뭔지 아직 모르겠고, 배우자와 거리가 멀어지거나 자녀가 말썽을 부리고, 사람들을 만나는 것도 이제 지친다. 중년은 인생의 중간 점검을 하라는 뜻인 걸까.

　20세기 중반부터 '잘 사는 것'에 대해 연구해온 미국 갤럽은 삶의 중요 요소를 5개로 나눠 웰빙 지수를 측정한다.

　5개 영역은 직업적 웰빙(일을 얼마나 좋아하는가?), 사회적 웰빙(주변 사람들과의 관계가 좋은가?), 재무적 웰빙(경제적인 부분을 잘 관리하고 있는가?), 육체적 웰빙(일상에서 하고 싶은 것을 할 정도의 체력과 건강이 있는가?), 커뮤니티 웰빙(공동체에 소속감이 있는가?)으로 구성된다. 그들의 연구에 참여한 사람 중 66%는 이 영역 중 최소한 1개 정도는 잘하고 있다고 대답했으며, 모든 영역에 대해 긍정적

으로 답한 사람은 7%에 불과했다.

우리 주변을 둘러봐도 그리 다르지 않다. 삶이 5개 영역으로 이뤄진 바퀴라고 생각해보면, 대부분은 한 영역이 너무 튀어나오거나 푹 꺼져 있다. 특정 영역에 너무 애를 쓰다보면 놓치는 부분이 생겨 결과적으로 삶이 덜컹거리기 마련이다. 특히 우리나라처럼 타인과 비교를 잘하는 문화에서는 자기 기준이 명확하지 않을수록 주변의 말 한마디에 쉽게 웰빙 바퀴 모양이 갑자기 뒤틀리기도 한다. 각 영역에 대한 만족감이나 박탈감은 결국 개인의 주관적인 판단에서 비롯되기 때문이다.

이들은 오늘 함께라서 행복했다. 바쁘고 치열한 일상 속에서 친구들을 만나 서로의 마음도 위로하고, 치기 어린 옛이야기도 떠올리며 많이 웃었다. 그러고보면 행복이 또 별것 없는 것 같기도 하다. 하루 중 기분 좋은 순간 한 번이라도 있으면 되는 것 같고, 성취한 게 별로 없어도 스트레스 좀 덜 받고 많이 웃고 살면 그게 행복한 삶이 아닐까 싶다.

21세기에 접어들어 긍정심리학에서도 비슷한 질문을 던지기 시작한다. 본인의 삶에서 원하는 것을 얼마나 이

뤄냈는지하는 주관적인 삶의 만족감도 중요하지만, 내가 어떤 감정과 기분으로 살아가고 있는지도 함께 바라봐야 한다. 쉽게 말해 내가 재무 관리를 잘하고, 목표한 경제적 자유를 이루었더라도 삶의 다른 영역에서는 불안감과 걱정이 가득하다면 결국 행복과는 거리가 멀기 때문이다.

그래서 긍정심리학에서는 과연 잘 사는 삶이란 무엇인지 근본적인 질문을 던지고, 그에 마땅한 답을 찾는다. 겉으로 보이는 것뿐만 아니라 내면의 마음 상태, 원하는 삶을 이뤄나가는 것뿐만 아니라 삶을 질적으로 더욱 풍요롭게 하는 것에 관심을 쏟고 활발히 연구 중이다.

불과 몇 년 전까지만 해도 행복의 조건을 수치화해서 서로 경쟁하기 바빴다. 명문 대학을 가고, 대기업에 취직하고, 적령기에 결혼하고, 집을 사고, 자녀에게도 성공 루트를 밟게 하려는 노력으로 잘 살고 있음을 증명해왔다. 하지만 그들은 "행복하다"고 선뜻 말하지 못했고, 내 삶에서 중요한 무언가가 빠진 듯한 공허함을 느꼈다. 그건 바로 마음이었다.

행복은 '사회적으로 성공하면, 결혼하면, 좋은 직장에 입사하면, 건강하면 행복해질 거야' 같은 조건부가 아니다. 심리학자 에드 디너는 행복한 사람이 성공할 확률이 높고, 주변 사람들과 관계도 좋으며, 성과도 좋고 건강할 확률도 높다는 연구 결과를 발표하며 "행복은 더 이상 종속변수가 아니고 독립변수다"라고 말했다.

동화 《파랑새》에 이런 구절이 나온다. "우리가 그렇게 찾았던 행복은 멀리 있지 않아. 어쩌면 행복은 우리 가까이에 있는지도 몰라." 이 한 문장에 담긴 '행복은 파랑새가 아니다'라는 뜻을 이제는 학자들이 데이터를 통해 증명하는 시대가 되었다.

과거에는 '잘 사는 삶'에 대한 사유가 철학자와 경제학자의 영역이었다. 하지만 이제 심리학자들이 '진짜 잘 사는 삶', 다시 말해 마음까지도 행복한 삶에 대한 인사이트를 과학적인 연구를 기반으로 제시하고 있다. 긍정심리학을 이끄는 마틴 셀리그만은 그의 초기 연구에서 행복한 삶을 '즐거운 삶, 몰입하는 삶, 의미 있는 삶'으로 소개하며 잘 살려면 '마음'에도 노력하라고 제안했다.

다시 말해 그저 잘 사는 것에만 집중하는 것이 아니라 행복하게 잘 사는 삶을 고민해야 한다는 것이다. 열심히 는 사는데 행복하지 않은 사람일수록 삶의 웰빙 영역과 마음 행복의 영역을 함께 고려해야 한다. 행복에 대한 마음 웰빙 영역은 최근 PERMA-V 모델로 발전하여 지속 가능한 행복과 마음 웰빙을 위한 6개 영역과 그에 대한 심리적인 전략과 기술을 제시한다. 본인의 마음에는 이 모델이 어떻게 작동하고 있는지, 각 요소를 자신의 삶에 서 얼마나 경험하고 사는지 점검해보자.

Positive emotions(긍정정서) : 긍정적인 감정을 자주 경험하며 살고 있는가?

Engagement(몰입) : 일상의 활동에 몰입하며 살고 있는가?

Relationship(연결감) : 사람들과 마음을 나누며 살고 있는가?

Meaning(의미) : 의미와 보람을 느끼며 살고 있는가?

Accomplishment(성취감) : 일상에서 성취감을 얻으며 살고 있는가?

Vitality(활력) : 활력을 가지고 살고 있는가?

위 질문에 모두 긍정적으로 대답하는 사람은 갤럽의 웰빙 지수만큼 적지 않을까. 실제 우리나라는 경제적으로 세계 10위권에 들어가지만, 행복 지수는 세계 중위권이자 OECD 37개국 중 35등로 가장 하위권을 맴돌고 있다. 사회적으로나 교육적으로나 경제적 웰빙을 지나치게 강조해온 탓이며, 최근 코로나 시기와 맞물린 코인, 주식, 부동산 문제 등으로 인한 상대적 박탈감이 웰빙 바퀴를 더욱 뒤틀고 있다.

포모Fear Of Missing Out 증후군이란, 나만 뒤처지고 소외당하는 듯한 두려움을 의미한다. 자기 어필이 만연한 SNS 세상에서 나와 남을 비교하기 쉬워지고, 동시에 내가 잘 알지 못하는 지인의 지인의 지인에 대한 카더라 소식을 통해 느끼는 상대적 박탈감은 자신을 더욱 초라하고 불안하게 만들어버린다. 나만 빼고 다 잘 사는 것 같고, 나만 빼고 다 행복하고 여유롭고 즐거운 삶을 사는 것 같은 부정정서가 쌓이면서 계속 시야는 좁아지고 마음만 급해진다. 결국 여유와 균형감을 잃은 일상에서 허둥대는 악순환을 반복하게 된다.

내가 잘 살고 있는지 알고 싶다면 다음 6개 일상 영역을 점검할 필요가 있다.

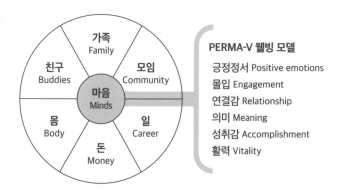

*참고 : 갤럽의 삶의 웰빙 5개 영역에 한국인의 정서를 고려하여 '가족' 영역을 추가하였다.

몸, 돈, 일, 친구, 가족, 모임 영역에서 현재 본인의 만족 수준과 기대 수준을 체크해보면, 어느 영역에 더 집중해야 할지 우선순위가 잡힌다. 타인과의 경쟁에 집중하는 것이 아니라 자신의 마음 행복을 챙기면서 삶이 점점 풍요로워지는 것이 중요하다. 다음은 스스로 해볼 수 있는 웰빙 셀프 코칭 방법이다.

1단계

6개 영역(몸, 돈, 일, 친구, 가족, 모임)에 10점 만점 기준으로 현재 점수를 매긴다.

2단계

영역별로 내가 1년 후 기대하는 점수를 매긴다. 현재 점수와 기대 점수의 차이를 점검하고 차이가 큰 영역부터 계획을 세운다. 해당 영역에서 점수를 높이려면 어떤 목표가 필요할까?

3단계

삶의 웰빙 바퀴의 중심인 마음 웰빙 영역을 점검하자. '나는 행복하게 살고 있는가?' 이 부분도 현재 점수와 기대 점수를 적어보면 좋다.

4단계

2단계에서 우선 선택한 영역을 행복하게 성장시키는 방법을 구상해보자. 어느 영역에서든 긍정정서, 몰입, 연결감, 의미, 성취감, 활력을 경험할 수 있다.

예를 들어 몸 영역을 골랐을 때, 다이어트로 체중 몇 kg 감량 시 점수는 금방 오르겠지만 과연 '마음 웰빙'까지 고려했을까? 어떤 환경에서 다이어트를 해야 내가 포기하지 않고 행복하게 몰입할 수 있는지, 체중 감량이 나에게 어떤 의미인지 고민해야 한다. 몸을 위한 다이어트를 목표로 했다면 그것을 행복하게 할 수 있는 마음 웰빙 영역과 연결시켜본다. 긍정정서를 느끼면서 다이어트를 하기 위한 방법은 무엇일지, 다이어트를 통해 나는 어떤 의미와 성취감을 찾을 수 있을지 등을 생각해보자. 그러면 더욱 행복하게 몸을 챙길 수 있는 활동을 설계할 수 있게 된다.

　물론 잘 살아가기 위해 필요한 삶의 웰빙 6가지 영역을 채우는 것만으로도 삶은 굴러간다. 그러나 중심축인 마음이 없다면 진정한 웰빙이라고 말할 수 없다. 내 삶의 웰빙 영역과 마음의 웰빙을 연결할 때 비로소 성장, 성공, 행복이 한 방향을 바라본다. 이런 삶을 웰빙을 넘어 플로리시Flourish, 꽃을 피우는 삶, 번영하는 삶이라고 부른다. 지금 내 삶의 바퀴는 어떤 모양인가.

1. 삶의 웰빙 영역 성찰하기

삶의 웰빙 6개 영역(몸, 돈, 일, 친구, 가족, 모임)에 대해 점수를 매기거나 빗금을 칠해 현재 내 삶의 웰빙 휠을 표현해보세요.

가장 만족한 영역

가장 부족한 영역

가장 먼저 개선하고 싶은 영역

2. 와우 매트릭스

와우WoW는 Well-doing on Well-being의 줄임말입니다. 잘하려고 애쓰는 걸 이왕이면 내가 더 행복한 방향으로 하자는 뜻입니다.

독일의 심리치료사인 롤프 메르클레Rolf Merkle는 "천재는 노력하는 사람을 이길 수 없고 노력하는 사람은 즐기는 사람을 이길 수 없다"는 유명한 말을 남겼습니다. 즐겁게 하기 위해서는 아이디어가 필요합니다. 영역별로 PERMA-V 모델을 활용하여 행복을 높이거나 연결할 수 있는 아이디어를 채워보세요.

	긍정정서	몰입	연결감
몸			
	의미	성취감	활력

	긍정정서	몰입	연결감
돈			
	의미	성취감	활력

	긍정정서	몰입	연결감
일			
	의미	성취감	활력

	긍정정서	몰입	연결감
친구	의미	성취감	활력

	긍정정서	몰입	연결감
가족	의미	성취감	활력

	긍정정서	몰입	연결감
모임	의미	성취감	활력

3. 리트릿, 나를 위한 하루

리트릿Retreat이란 '후퇴, 혼자만의 시간을 가질 수 있는 조용한 장소'라는 뜻입니다. 주로 종교에서 기도나 명상을 위한 별도 기간을 지칭했으나, 최근 들어 일상에서 잠시 벗어나 나를 위해 떠나는 짧은 여행의 의미로 쓰입니다. 내가 좋아하는 사람들과 떠나는 여행도 좋지만 오랜만에 혼자만의 시간을 가져보세요. 굳이 멀리 떠나지 않아도 됩니다. 아무 말 없이 혼자서 밥도 먹고, 길을 걷고, 조용히 앉아 자신의 삶을 되돌아보며 잘 사는 법에 대한 인사이트를 찾아보시기 바랍니다. 나를 위한 리트릿 계획을 세워보세요.

CHAPTER 10

자기 인식
"나만 모르고 있던 나를 만나다"

▲

◀

"지난 주말에 뭐 하셨나요?" "곧 있을 회사 행사 때문에 팀원 전체가 출근해서 일했어요. 리더로서는 미안했지만 다행히 행사를 잘 마무리할 수 있었죠." "그날 어떤 기분이 드셨어요?" "글쎄요. 회사 일인데 어쩔 수 없다고 생각했어요." "그날 좋았던 점이 있을까요?" "동료들과 오랜만에 이런저런 이야기를 나눈 거요. 그런데 얼마 안 가서 팀원들이 우리가 이렇게 고생하는 걸 위에서 알기나 하겠냐며 불평하더라고요. 특히 한 친구가 계속 표정이 안 좋아서 신경 쓰였어요." "그 후배에게 어떻게 대처했나요? 그 후배의 강점은 무엇이죠?" "일단은 불평하는 걸 그냥 들어줬죠. 평소에는 친화력도 좋은 친구인데 한

번 불만이 생기면 주변 사람들까지 다 선동하는 경향이 있어요. 사실 리더에게는 참 불편한 팀원이죠."

위 대화에서 이상한 점을 발견했는가? 국내 최고 기업의 핵심 부서를 이끄는 수장이 자꾸 질문의 맥을 놓친다. 긍정 리더십 워크숍을 진행할 때마다 자주 벌어지는 상황이다.

성공적으로 조직을 이끌어온 유능한 전략가이지만 긍정, 감정, 강점 등 소프트한 질문 앞에서는 맥을 못 추고 제멋대로 질문을 바꿔서 대답해버린다. 사람들 앞에서 그럴싸한 대답을 하고 싶지만 아주 오랜 습관처럼 뇌는 익숙한 이야기만 늘어놓는다. 감정과 생각을 구분하는 데 익숙하지 않고, 좋았던 점보다 아쉬운 점이 눈에 더 들어오고, 강점보다 약점을 부각하는 식이다.

특히 중년 남성들은 이러한 낯선 질문들을 받으면 불편한 기색을 드러낸다. 회사에서 마련한 자리가 아니면 평생 심리, 마음, 상담 이런 말을 입에도 안 올릴 듯한 사람들은 마음과 관련된 이야기가 그저 어색하고 낯설고 불편하기 때문이다.

팀장, 리더급은 특히 자기 인식이 어렵다. 그들은 왜 내가 여기에 앉아 있어야 하는지 도통 납득을 못 한다. 본인에 대한 내부 평가가 부정적이어서 교육 대상자로 선정되었다고 근거와 함께 설명해도 전혀 받아들이지 못한다. 자기 잘못을 돌아보기보다 자신을 평가한 사람의 잘못으로 돌린다. 그중 일부는 갑자기 통화하러 교육장을 나가버리거나 개인 업무를 하려 노트북을 꺼내는 등 교육 중 자신의 태도가 좋지 않다는 것조차 스스로 인지하지 못한다.

중년이 훨씬 넘었음에도 여전히 성장기 남자아이처럼 주변 상황을 고려하지 않고 자기중심적으로 행동하는 사람들이 있다. 살면서 자연스레 자아를 건강하게 발전시켜야 하는 기회를 놓쳤거나 성장 과정에서 어떤 결핍을 경험한 어른들은 몸만 자란 아이 같다. 분명 조직이나 팀 내에서도 교육장에서와 비슷한 모습이거나 더 하면 더했지 덜 하진 않을 것이다.

그런데 누가 그에게 뭐라고 할 수 있을까? 이렇게 임직원 교육을 지원하는 회사라면 스스로 돌아볼 기회를 가질 수 있어 다행이지만, 대부분은 자신을 제대로 보지 못한 채 끝까지 살아가게 된다.

사실 경중의 차이가 있을 뿐, 누구나 내면에 아이의 모습이 조금씩 남아 있다. 회사에서는 일도 깔끔하게 계획적으로 처리하고 부지런한 직원이 집에 가면 자기 방도 안 치우는 세상 게으른 아이가 되기도 하고, 책임감 있게 팀원을 이끄는 리더가 집에서는 아내에게 반찬 투정을 부리는 아이일 수도 있다. 별거 아닌 일에 쉽게 짜증을 내거나 주변 사람에게 친절하기는커녕 기본적인 배려도 없는 등 특정 상황이나 관계에서 고집불통 어린아이의 모습을 보이기도 한다.

사실 이러한 태도나 행동은 고치기 쉽지 않다. 조직에서 이미 불혹, 지천명을 넘긴 어른을 대상으로 상벌이나 교육을 통해 바꾼다는 건 아예 불가능이라고 말하는 사람도 많다.

그럼에도 효과 좋은 방법을 하나 소개하자면, 비디오로 찍어서 보여주기이다. 1:1 코칭이나 전문 컨설턴트들이 가장 많이 활용하는 방법으로, 그들의 일상을 있는 그대로 비디오를 찍어서 직접 보게 하는 것이다. 〈우리 아이가 달라졌어요〉, 〈금쪽같은 내 새끼〉 같은 육아 행동 교정 프로그램에서 나오는 방식과 유사하다. 영상으로 자신을 객관적으로 보는 것만으로도 행동거지를 고쳐야 겠다고 스스로 다짐하게 된다.

리더 대상의 마음챙김 프로그램도 비슷한 맥락이다. 눈을 감고 가만히 있으면 자신을 보는 눈이 뜨인다. 그리고 그 눈으로 자신의 모습을 보다 객관적으로 바라보는 훈련을 한다. 앞서 엉뚱한 대답을 해서 당황하는 자신도 보이고, 주변 사람을 힘들게 하는 유치한 자신도 보인다. 그렇게 자신과 대면할 때 변화가 시작된다.

마음챙김을 위해 잠시 눈을 감아보자. 그리고 호흡에 집중하고 자신의 마음을 있는 그대로 본다. 처음에는 3분을 넘지 않게 진행한다. 보통 1~2분 지나면 슬그머니 눈 뜨고 혼자 멀뚱멀뚱하고 있는 사람도 있고, 미간에서부터 불편한 기색이 역력한 사람도 보인다. 하지만 대부분은 3분의 시간이 흐르면 얼굴이 편안해진다. 이런 경험이 어색해서 그렇지, 내가 인식하지 못했던 나의 마음을 차분히 바라보는 데에는 그리 오래 걸리지 않는다.

세계 4대 성불로 인정받는 틱낫한 스님은 행복해지고 싶다면 내 안에 있는 아이를 다독이고, 이야기 나누고, 달래주라고 했다. 잠시 눈을 감고 그 아이를 찾아보자.

MBSR, MBCT, MBSAT 등 MB^{Mindfulness-based}로 시작하는 마음챙김 프로그램들이 있다. 대부분 서양의 학자나 학교에서 체계적으로 개발하고 검증한 마음 관리 과정으로, 마음을 알아차림으로써 스트레스 감소, 인지 치료, 전략적 인식 훈련 등의 효과를 기대할 수 있다.

마음챙김의 원조는 동양이라서 이런 서양 프로그램들이 상대적으로 깊이는 얕을 수 있지만, 특정 종교색이 없고 프로세스가 구조화되어 있다는 것이 장점이다. 특히 마음에 처음 관심을 가지는 사람들이 단계별로 마음의 작동 원리를 알아차리도록 친절한 가이드를 제공한다.

마음챙김은 눈을 감고 쉬는 것이 아니다. 지금 내 마음에 들어와 있는 생각과 감정을 편견 없이 알아차리는 것이다. 외부 정보에만 집중해서 살아온 사람들에게는 보이지 않는 것을 보기가 어렵고 혼란스럽다. 이때 몸의 감각이나 자신의 행동 충동을 알아차리면 자신의 속마음을 알아가는 데 도움이 된다.

술 한잔하고 싶다 (충동) → 내가 짜증이 나구나 (감정) → 오늘 일이 잘 안 풀린다 (생각)

뒷골이 당긴다 (감각) → 내가 화가 나는구나 (감정) → 보고가 늦어질 것 같다 (생각)

얼굴이 붉어진다 (감각) → 내가 부끄럽구나 (감정) → 발표 실력이 아직 부족하다 (생각)

흔히 인간은 이성적 동물이라고 생각한다. 어떤 상황에 대해 '생각 → 감정 → 감각과 행동' 순서로 반응한다고 알고 있기 때문이다. 그런데 최근 뇌과학 연구에 따르면 어떠한 상황에 대해 이성적 판단을 관장하는 신피질은 외부 자극에 반응하는 데 600밀리세컨드가 걸리고 다른 부위는 100밀리세컨드로 반응한다고 한다. 이성적 판단을 관장하는 신피질이 다른 반응보다 6배나 늦게 반응하는 것이다. 우리의 예상과는 달리 실제로는 행동이 먼저 나타나고, 그다음에 감정이 북받치고, 잠시 숨 돌리고 나서야 내가 왜 그랬는지 이유를 알아차리는 순서다. 즉 생각(이성적 판단)보다 행동이 먼저다. 종종 사람들이 감정적으로 결정하거나 충동적인 행동이 앞서는 이유도

이 때문이다. 이럴 때에는 대부분 주변의 눈총이나 후회가 뒤따르게 된다. 따라서 내 마음을 알아차려야 충동적으로 행동하지 않고 내 행동의 선택권을 가질 수 있다.

어떤 사람은 일이 잘 안 풀리면 항상 술을 마신다. 이 패턴이 반복되면서 다른 일이 밀리고, 몸도 안 좋아지고 있다. 술을 그만 마시라는 주변의 이야기에 고개를 끄덕이지만 뭔가 일이 해결 안 되면 이미 술을 마시고 있는 자신을 보게 된다. 이 사람이 '충동'의 순간에 그 충동을 알아차리고, 이와 연결된 '짜증(감정)' 뒤에는 '모든 일을 잘 해결해야 한다'는 생각이 있다는 것을 알아차린다고 가정해보자. 마음이 보이면 스스로를 챙기게 된다. '나라고 모든 일을 잘할 수 있는 건 아니야'라고 생각만 살짝 바꿔도 짜증은 낮춰지고 술 한잔 대신 이른 숙면을 선택할 여유가 주어진다.

MBSAT^{Mindfulness-based strategic awareness training} 마음챙김 기반의 전략 인식 훈련에서는 이런 프로세스를 BETA인지라고 부른다. 즉 마음을 몸의 감각^{Body Sensation}, 감정^{Emotions}, 생각^{Thoughts}, 행동 충동^{Action Impulse}으로 나누어 들여다보는 것이다.

보통 사람들은 낯선 상황에 처하거나 심리적으로 불편하면 이 4가지 정보가 마음속에서 엉켜버린다. 그 결과 나도 모르게 충동적으로 서툴거나 거친 행동을 하게 된다. 바로 우리 내면에 숨어 있던 아이가 불쑥 나타나는 순간이다. 이미 마음은 복잡할 대로 복잡해지고 마음은 이미 생각과 감정으로 가득 차 있어서 주변 사람의 말이 들리지 않는다. 주변 상황이 눈에 잘 들어오지 않고 판단력이 떨어진다. 때로는 내가 하는 행동이나 말도 스스로 알아차리지 못한다.

마음을 보는 연습을 꾸준히 하다보면 내가 언제 잠시 멈춰야 하고, 내가 언제 큰 숨을 들이마셔야 할지를 알 수 있다. 실제로 잠시 멈춰서 숨을 몇 번 들이마시기만 해도 감정이 가라앉고 성급한 의사결정과 행동을 피할 수 있다. 즉 충동적인 행동이 아닌 조금 더 현명한 선택과 판단을 할 수 있게 된다.

평소 BETA에 대해 알아차리는 연습을 꾸준히 하면 내 마음이 점점 선명해진다. 순간순간 나의 행동들이 객관적으로 보이기 시작한다. 누가 시켜서 억지로 행동을 바꾸는 것이 아니라 내가 하는 행동에 대한 이해와 공감이 스스로를 바꾸는 것이다. 지금 바로 연습해보자. 아래 4가지 질문에 대해 하나씩 답을 떠올려보자.

1. 지금 내 몸에서 어떤 감각들을 알아차릴 수 있나요?
2. 지금 어떤 감정들이 느껴지나요?
3. 지금 어떤 생각들이 떠오르나요?
4. 지금 어떤 행동을 하고 싶은 충동이 있나요?

아직 질문이 낯설 수도 있지만 꾸준하게 질문하고 내가 알아차린 것들에 대해 성찰하는 시간을 가지다보면 자연스럽게 자기에 대한 인식 수준이 높아질 것이다.

1. 내 안의 숨은 아이 찾기

나는 언제 내 안의 아이를 만나게 되나요? 혹시 내가 유치하거나 자기중심적으로 행동하는 때가 있나요? 만약 그 아이를 찾았다면 자책하지 말고 아이의 이야기를 들어봅시다. 그리고 왜 그렇게 행동하는지에 대해 스스로 해석해보고 올바른 해결 방향에 대해서도 생각해봅니다.

....

....

....

....

2. BETA 인지하기

최근 일상에서 마음이 불편했던 상황을 하나 떠올려봅니다. 그 당시 상황을 최대한 생생하게 떠올려보고 BETA의 각 항목에 대해 최대한 구체적으로 적어보기 바랍니다.
만약 똑같은 상황이 또 벌어지고 본인이 그 순간 BETA를 알아차린다면 나의 대응이나 대처는 어떻게 바뀔 수 있을까요?

_____

상황   **몸의 감각**

                                       _____ _____

                                       감정

                                       _____ _____

                                       생각

                                       _____ _____

                                       행동 충동

_____   _____

마음챙김 대응

_____

3. 심리학 서적 읽어보기

서점이나 도서관에 방문하여 마음과 심리 관련 책을 찾아봅니다. 최근 10년 동안 심리학을 다룬 책이 쏟아져 나왔고, 자기계발서와는 달리 사회과학자들의 연구와 실험에서 나온 인사이트들을 소개합니다. 사람마다 다르게 생각하고 느끼는 것 같지만 연구자들이 들여다보면 비슷하게 작동하는 부분들이 많습니다. 신중히 고른 책을 읽으며 내 마음이 어떻게 작동하는지 배우고, 내가 범할 수 있는 오류들을 알아봅시다. 어떤 책을 정해 읽으면 좋을지 계획을 세워보세요.

책 제목	이 책을 고른 이유

CHAPTER 11

마인드셋

"마음은 다짐보다 기술이 필요하다"

◀

중년, 인생의 중간 지점까지 도달하면 지금까지의 삶의 데이터가 꽤 쌓여 있다. 세상 물정 모른 채 무작정 꿈을 꾸고 열정을 불태웠던 시절과는 다르다. 인생 대박 치는 법은 아직 몰라도 쪽박 차는 밥은 배운 것 같다. 그래서 매사에 더욱 조심스럽고 신중하게 결정하게 된다.

사람들에게 태어나서부터 100살까지의 인생 그래프를 그려보라고 하면 각자의 삶에 관한 관점이 드러난다. 한 해, 한 칸씩 점을 찍어서 연결하는 사람도 있고 5초 만에 100살 인생 그래프를 완성해서 시간이 남는 사람도 있다. 그래프 모양도 가지각색이다. 지금이 최고점인 종 모양도 있고, 평탄하던 삶이 60살부터 가파르게 떨어

지는 그림도 있다

　말년으로 갈수록 인생의 그래프가 급격하게 하락하는 이유를 물으면 '나이 들면 몸이 여기저기 아플 것 같아서', '나이 들면 외로울 것 같아서', '나이 들면 경제적으로 힘들 것 같아서' 등등 다들 비슷한 답변을 댄다. 앞서 〈마음 웰빙〉 편 153쪽에서 언급한 5개 삶의 영역들이 점점 줄어들 것이라 예측한다. 왜 그렇게 생각하냐고 물어보면 그들의 답은 간단하다. 주변 사람들을 보니 그동안 열심히 살았어도 어느 정도 나이가 지나면 상황이 더 나아지지 않아서 힘들어 보이는데, 나도 별반 다르지 않을 것 같다고 한다.

　반대 경우도 있다. 태어나서 현재까지는 인생 굴곡이 오르락내리락하더라도 현재부터 미래의 그래프는 계속해서 위로 올라간다. 나이가 들면 들수록 삶이 더 나아질 것이라고 예측하는 것이다. 물론 앞으로도 어려움이 있겠지만 지금까지 잘 극복해온 것처럼 잘 이겨낼 것이고, 이제 나름 연륜이 쌓여 더 빨리 회복할 수 있을 것 같다는 자신감 덕분이다. 그리고 지금 하는 일에 대해서도 앞으로는 스스로 목표나 범위를 정할 수 있을 것 같고, 다른 사람을 돕는다는 마음으로 예전보다 더 열심히 일할 것 같다고 덧붙인다. 주변 사람은 잘 모르겠지만 일단 자신의 삶을 바라보면 그렇다는 것이다.

이 차이를 단순히 미래에 대한 낙관주의와 비관주의로 나눌 수도 있지만, 스탠포드대학의 심리학 교수 캐롤드 웩Carol S. Dweck의 '고정 마인드셋'과 '성장 마인드셋'을 적용해보면 더 깊은 인사이트를 얻을 수 있다. 사람의 능력과 지능은 쉽게 변하지 않는다고 보는 게 고정 마인드셋이고, 개인의 노력, 배움, 인내에 따라 능력과 지능이 끊임없이 발달할 수 있다고 보는 게 성장 마인드셋이다. 우리는 삶의 영역에서 끊임없이 새로운 과제를 마주하게 된다. 이때 어떤 마인드셋을 가지고 있느냐에 따라 그 사람의 생각, 말, 행동이 달라진다.

만약 고정 마인드셋이 지금 나를 지배하고 있다면 '노력해도 소용없을 거야. 실패하느니 도전하고 싶지 않아. 지금 수준이라도 유지하려면 더는 실패하면 안 돼. 그러니 새로운 일에 도전하는 것은 위험해' 같은 생각에 익숙해진다. 반면에 성장 마인드셋은 사람의 능력은 노력한 만큼 계속해서 성장할 수 있다는 자세이므로 실패해도 도전 과정에서 의미를 찾고 다른 사람의 피드백을 통해 성장한다고 믿는다. 특히 현재의 실력이 나의 모든 것을 평가한다고 생각하지 않아서 장애물을 맞닥뜨려도 계속해서 도전한다.

누구나 고정 마인드셋과 성장 마인드셋이 마음속에 공존한다. 현재 어떤 마인드가 나에게 더 크게 자리 잡고 있는지가 중요하다. 나이는 상관없다. 중년 이후의 삶, 성장 마인드셋을 바탕으로 다시 나에게 집중하는 시간이 인생 2막을 우상향으로 이끌 것이다.

마음 체크업

인생을 긴 여행이라고 생각해보자. 숨 가쁘게 앞만 보고 걸어오다 잠시 한숨을 돌리며 뒤를 돌아보니 한 발, 한 발 점 찍듯 이어온 나의 선택들이 어느새 내가 걸어온 길이 되어 있다. 물론 인생이 마음먹은 대로 되는 것은 아니었다. 곧은 줄만 알고 걸어온 길이 다시 돌아보면 가파르고 거칠고 굽은 길일 때도 있었고, 굽이지고 힘든 길이라 생각했던 길을 돌아보니 그리 험난하지만은 않았음을 한참 지나고 나서야 깨닫는다.

이런 과정에 사람들은 '연륜'이라는 이름을 붙여 뒤늦게 알아차린 삶의 지혜로 포장해서 말한다. 삶은 끊임없는 굴곡의 연속이라는 것만은 확실하다. 물론 굴곡의 높낮이나 주기는 사람마다 다르겠지만, 좋은 때가 있으면 힘든 때가 있고 힘든 때가 있으면 좋은 때가 찾아오기 마련이다.

중년이라는 시기는 자신의 인생 그래프에서 어떤 식으로든 변곡점을 맞이하는 지점이다. 그것이 하향 곡선일지 상향 곡선일지는 자신의 선택에 달렸다. '시간이 약이다'라는 말만 믿고 지금까지는 시간에 나를 맡겨 상황이 저절로 해결되기를 바랐다면, 이제는 심리적 기술과 자원을 활용해 난관을 극복하고 자신의 인생 그래프를 우상향으로 만들 수 있도록 능동적으로 대처해보자.

인생 그래프를 우상향으로 만드는 마음의 기술은 크게 3가지다. 첫 번째는 앞에서 다루었던 것처럼, 자신이 계속 발전할 수 있다는 성장 마인드셋을 갖는 것이다. 그러한 관점과 마음가짐이 나를 계속 도전하고 성장하게 하는 동력이 된다.

두 번째는 누구나 인생 그래프의 굴곡은 있으니 난관의 순간이 오더라도 주눅 들지 않고 적극적으로 대처해 회복 시간을 줄이는 것이다. 그래프가 하락하는 순간에 의도적인 노력을 통해 바닥에 머무르는 시간을 줄이고 빠르게 회복할 수 있도록 심리적 자원을 형성하는 것이다. 심리학에서는 이러한 심리적 자원을 '회복 탄력성'이라고 표현한다.

회복 탄력성을 높이려면 좋아하는 사람들과 대화를 나누거나 여행을 떠나는 등 의도적으로 긍정정서를 경험할 수 있는 활동을 하면 좋다. 이는 부정정서에서 벗어나 원래 상태로 빠르게 회복하는 데 효과적이다. 또 자신을 믿어주는 심리적 지지자가 곁에 있다는 것만으로 다시 일어설 힘을 준다.

세 번째는 예전과 같은 열정을 이끌어내는 데 도움 되

는 동기를 촉진하는 것이다. 어떤 목표를 향해 생각하고 행동하도록 하는 힘을 '동기'라고 말한다. 동기는 크게 외재동기와 내재동기로 구분한다. 외재동기가 우리에게 익숙한 당근과 채찍, 즉 보상과 처벌에 대한 동기라면, 내재동기는 그 자체로 즐겁고 만족감과 성취감이 드는 활동이나 경험 그 자체에 대한 긍정적 동기를 의미한다.

많은 사람이 외재동기에 의해 움직인다. 단기적으로 매우 강력하고 자극적이기 때문이다. 어쩌면 당신도 지금 하는 일이나 활동에서 물질적인 보상이나 패널티 때문에 애쓰고 있을 수 있다. 만약 직장에 대한 불안감이나 주변 눈치 때문에 이번 달 억지로 실적을 달성했다고 치자. 잠깐은 기쁘고 뿌듯할 수 있지만, 이 생활을 얼마나 지속할 수 있을까? 또는 이번 달 상여금으로 50만 원을 받아 신나게 출근할 수 있다고 치자. 이 동기부여는 과연 얼마나 갈까? 한 달? 3개월? 3년?

사람마다 다르겠지만 보상과 처벌 같은 외재동기는 단기적으로는 효과적이지만 장기적으로는 한계가 있을 수밖에 없다. 애쓰는 것도 결국 마음의 자원이기 때문에 자원이 고갈되면 더 잘할 힘도 바닥난다.

그래서 그래프가 올라가는 시점에서 내재동기를 경험하거나, 외재동기를 내재동기로 바꾸면 상향 기간을 더 늘릴 수 있다. 또 같은 활동을 외재동기보다는 내재동기를 가지고 하는 것이 일반적으로 성과도 높게 나타난다.

자기결정성이론으로 동기연구의 권위자로 인정받고 있는 데시와 라이언Deci&Ryan은 내재동기를 촉진하기 위해서는 '자율성', '유능성', '관계성'의 욕구가 충족되어야 한다고 말한다. 즉 목표를 세우고 일하는 방법을 스스로 정하고, 그 일을 하면서 인정도 받고 잘하고 있다는 기분을 느끼고, 함께하는 사람들과 좋은 관계를 형성하면 자연스럽게 그 일이 좋아진다. 그럼 열정이 생겨서 억지로 했을 때보다 당연히 성과도 높아지는 것이다.

따라서 미래의 긍정적인 면을 볼 수 있는 성장 마인드셋과 어려움이 있어도 극복할 수 있다는 회복 탄력성, 그리고 몰입과 열정을 끌어내는 내재동기가 있다면 우리의 인생 그래프를 우상향으로 만드는 것은 그리 어려운 일이 아니다.

$$\boxed{\text{마음 피트니스}}$$

1. 인생 그래프 그리기

나의 인생 그래프를 0세부터 100세까지 그려보세요. 미래에 대한
그래프는 예측하여 그려보세요. 그래프가 변하는 지점에 관련된
사건을 간략히 적어보세요.

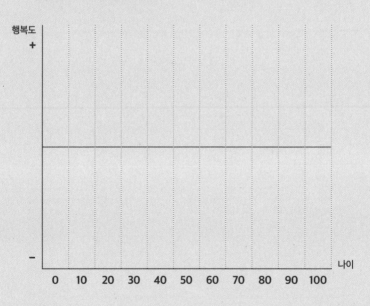

189

2. 회복 탄력성 키우기

어려운 순간이 오면 사람 마음이 위축되고 생각이 잘 확장되지 않을 수 있습니다. 재무 영역에서 미래를 위해 저축이나 보험을 드는 것처럼 심리 영역도 일상 속에서 미리 준비하면 도움이 됩니다. 지금 내가 어려움이 닥쳤을 때 마음 회복에 도움 되는 활동과 내 마음을 다잡아줄 수 있는 사람을 떠올려보고 개선 방법을 적어봅니다.

	현재	추가하거나 개선할 것
긍정정서를 높이는 활동		
심리적 지지자		

3. 내재동기 설계하기

본인이 요즘 가장 중요하게 하는 활동이나 일은 무엇인가요? 이 활동이나 일을 외재동기로 하고 있는지, 내재동기로 하고 있는지 생각해봅니다. 이 활동에 대한 몰입과 더 나은 성과를 위해 내재동기를 높이는 아래 3가지 질문에 답을 찾아보길 바랍니다.

요즘 나의 주요 활동

· 어떻게 하면 내가 보다 자율적이고 주도적으로 할 수 있을까요?

· 어떻게 하면 내가 잘하고 있다는 것을 느낄 수 있을까요?

· 어떻게 하면 함께하는 사람들과 잘 지낼 수 있을까요?

CHAPTER 12

최고의 나
"Live Long Live Well"

◀

3명의 70대 활발한 현역들이 있다. J는 스위스 취리히에서 글로벌 기업의 임원으로 일한 후 지금은 스위스와 싱가폴에 소재한 대학에서 리더십을 가르친다. 30여 년의 경험을 기반으로 자신만의 교육 프로그램을 개발하여 직접 지도자를 양성하고 있다. 이외에도 합기도를 꾸준히 수련하고 있으며, 연구와 집필뿐 아니라 지금도 일주일 내내 지도자 양성 프로그램을 직접 진행하고 있다.

F는 아일랜드 더블린에서 1974년부터 심신 요법 중 하나인 소마틱스 알렉산더 전문가로 활동하고 있다. 거의 40년 동안 1:1 세션과 강의를 꾸준히 진행하며 4명의 자녀를 훌륭히 키워냈고, 지금은 자신의 집에서 방 하나를

사무실로 사용하고 있다. 요즘은 일주일에 3일만 일하고 나머지 시간은 트레킹을 즐기고 있다. 2주짜리 가장 고난이도의 몽블랑 트레킹도 어려움 없이 완주한다.

T는 미국 샌프란시스코에서 활동하는 화가인데, 남편과 둘이서 각자의 작업 공간을 갖춘 집에서 살고 있다. 그녀는 대학에서 예술 전공생들을 대상으로 저작권으로 경제적 안정을 취할 수 있는 방법을 가르치며 보람을 느낀다. 자신의 집에서 공개 미술 수업을 진행하고, 에어비앤비를 하며 낯선 사람들을 자신의 공간에 기꺼이 초대한다. 자신의 활발한 활동으로 에어비앤비 본사의 초대까지 받았다고 자랑스럽게 이야기한다.

세 사람은 각자 다른 삶을 살아왔지만 만나보면 공통점이 있다. 고령임에도 불구하고 신체 활동량이 젊은 사람 못지않다. 돈을 계속 벌지만, 돈을 위해서만 일하지 않는다. 자기 일과 관련하여 글을 쓰고 직접 실무를 하고 있다. SNS를 하지 않아도 친구와 연락이 된다. 가족 내 갈등이 있었지만 지금은 안정화되었다. 3, 40살 이상 나이 차이가 나는 사람들과도 쉽게 친구를 맺고, 자신이 속한 커뮤니티에 봉사하고 있다. 그리고 마지막으로 함께 있으면 긍정적이고 평온하고 활력이 느껴진다.

요즘 우리나라에서도 미디어를 통해 젊은이 못지않은 활동을 자랑하는 시니어들을 볼 수 있다. 시니어 모델 김칠두 할아버지, 유튜버 박막례 할머니 등 고령의 현역자들이 전 세대에 귀감이 되고 있다. 이분들은 수많은 시니어와 시니어가 될 사람들에게 가능성을 열어줬다.

20년 전만 해도 '건강하게' 오래 사는 법을 소개하는 TV프로그램이 인기였고, 10년 전에는 '행복하게' 오래 사는 모습을 보여주는 프로그램이 관심을 얻었다. 황혼의 배낭여행을 콘셉트로 한 tvN 예능 프로그램 〈꽃보다 할배〉가 대표적이다. EBS에서는 고령에도 새로운 취미에 도전하는 분들의 모습을 담은 다큐멘터리를 방영하며 몸의 건강뿐 아니라 마음 건강의 중요성을 강조했다.

그리고 앞으로 20년 동안 우리는 더 진화된 시니어들을 만날 것이다. 일상에서 항상 자신의 마음 상태를 살피고, 건강한 마음 습관을 꾸준히 실천하는 시니어들이다. 이들은 자신이 배우고 경험한 것을 그냥 흘려보내지 않고 다음 스텝을 위한 데이터로 활용한다. 나이가 들수록 더 나은 결정과 행동을 하게 되고, 이는 더 나은 삶으로 이어진다.

이제 머지않아 대부분의 육체노동은 기계가 대체하고, 단순한 인지 활동은 AI가 대신하며 결국 고차원적인 사고와 경험이 중요한 직업들만 남게 될 것이다. 어쩌면 앞으로는 마음 건강한 시니어들이 은퇴 없이 그들의 전문성을 발휘하는 기회가 많아질 수 있다.

마음도 몸처럼 퇴화하고 굳어질 수 있지만, 방법을 제대로 알고 노력만 한다면 몸과는 다르게 나이를 거꾸로 먹을 수도 있다. 이들에게 마음의 나이를 물어보면 십중팔구 자신은 20대라고 할 것이다. 지금이 자기 인생의 최고의 시기라는 말과 함께 말이다.

마음 체크업

최근 세계긍정심리학총회WCPP : World Congress on Positive Psychology에서는 'Live Long Live Well'이라는 슬로건을 자주 언급한다. 이를 번역하면 동화책에서 자주 봤었던 '오래오래 잘 살았습니다'이다. 긍정심리학의 주제들은 결국 J,

F, T와 같은 삶을 사는 데 필요한 마음의 작동 방법과 기술을 연구하는 것이다.

최근에는 마음챙김 분야가 발달한 덕분에 혼자서도 다양한 심리 이론을 삶에 적용할 수 있는 방법들이 소개되고 있다. 이 책에서 다룬 마음 체크업과 마음 피트니스도 같은 맥락이다. 앞에 어떤 내용들이 있었는지 잘 기억이 나지 않아도 괜찮다. 중년이 되면 기억력 감퇴와 학습 능력이 저하되고 45세부터는 사고의 민첩성이 매년 3~4%씩 떨어진다고 한다. 그러니 좌절하기보다 다시 처음부터 빠르게 다시 한번 훑어보고 어떤 활동이 있었고, 또 내가 어떤 활동을 직접 해보았는지 기억을 되살려보자.

왜 마음 관리를 해야 하고, 마음을 들여다보고, 마음 피트니스를 해야 하는지를 상기해보자. 단지 행복해지기 위해서가 아니다. 매년 더 나은 삶을 살아가고 더 행복한 자신을 만나기 위해서 마음 관리를 하는 것이다. 마음 피트니스를 꾸준히 하게 되면 매년 최고의 나를 만나게 된다.

'베스트 셀프'라는 최고의 나를 상상해보는 긍정심리 활동이 있다. 베스트 셀프란 지금과 아예 딴판인, 내가 막연하게 꿈꾸는 이상적인 모습이 아니다. 베스트 셀프는 지금 내 삶의 영역에서 현실적으로 만들어낼 수 있는 최고의 모습을 이야기한다. 예를 들어 매일 방구석에 누워 있으면서 어느 날 갑자기 세계에서 가장 유명한 바리스타가 된다거나, 한가롭게 골프를 치며 임대업을 하는 최고의 모습을 꿈꾸라는 말이 아니다.

우리의 베스트 셀프는 '현실적으로' 가능한, 즉 확률적으로 가능성이 낮은 행운이 아니라 이번 생에서 노력을 통해 이룰 수 있는 최고의 자신을 보는 것이다. 내가 걸어온 길을 돌아보고 그 모습 중에서 나의 현실 경험과 강점을 기반으로 인생 2막을 준비하는 것이 베스트 셀프다.

당신이 작가이자 주인공이 되어 'Live Long Live Well'로 끝나는 책을 써 내려간다고 상상해보자. 지금은 책 중반까지 왔고, 앞으로 넘기지 않은 페이지는 내가 원하는 대로 써 내려갈 수 있다.

삶의 이야기는 6가지 방향으로 펼쳐진다. 20년 후 '몸'에 있어서 최고의 모습이 있고, '일'에 있어서 최고의 모습이 있고, '돈'에 있어서 최고의 모습이 있다. 그리고 '가족' 내에서의 최고의 모습이 있고, '친구'와의 최고의 모습이 있고, '모임'에서의 최고의 모습이 있다. 이 모습을 구체적으로 찾아 웰빙 바퀴의 가운데 '마음'에 담아보자.

혼자서 이야기를 쓰기 위해 너무 애쓰지 말자. '최고의 나' 이야기의 소재들은 이미 내 삶 곳곳에 뿌려져 있다. 먼저 자신의 강점을 소재로 시작해보자. 첫 번째로 스스로 생각하는 자신의 강점을 떠올린다. 내 강점이 삶에서 잘 활용되고 발휘되면 나는 어떤 모습이 될까? 두 번째로 가까운 사람의 피드백을 받아보자. 관계 속에서 드러나는 내 모습에 관해 가족이나 가까운 동료에게 피드백을 받으면 또 다른 자원들을 발견할 수 있다. 자신의 좋은 점에 대해서 구체적으로 이야기해달라고 부탁해보자. 여러 명에게 물어보면 내가 알지 못했던 공통점을 발견할 수 있고, 이는 새롭게 써 내려갈 '최고의 나'의 소재가 되기에 충분하다. 마지막으로 앞서 〈근무 시간〉 편 50쪽에서 쓴 강점 진단지의 결과물을 활용하자. 본인의 대표 강점과 관련된 내용을 읽다보면 내 빛나는 미래를 구체화할 수 있다.

인생의 다음 장은 앞을 보지 못하는 경주가 아닌 마음을 채워가는 여행이기를 바란다. 그 여행에서 '최고의 나'를 만나 Live Long Live Well 하기를 진심으로 응원한다.

1. 나의 마음 나이

신체 나이와 달리 마음 나이는 주관적 평가입니다. 기억력이나 창의력 등 인지적인 기능도 있지만, 생각과 감정이 풍부하고 활력이 있는지도 같이 보면 좋습니다. 가능하다면 자신이 생각하는 나이 대의 사람과 만나서 편하게 이야기 나눌 수 있는지도 확인해보세요. 내가 생각하는 나의 마음 나이는 몇 살인가요? 왜 그렇게 생각하나요?

....

....

....

....

....

....

2. 최고의 나를 만나는 마음 여행

편안한 장소에서 잠시 눈을 감고 미래로 여행을 떠나봅니다. 현실적으로 가장 잘 살고 있는 자신의 모습을 떠올려봅니다. 자신의 자원과 강점 등을 잘 활용해서 내가 될 수 있는 최고의 모습을 상상합니다. 아래 각각의 시기별로 최고의 모습을 한 줄로 적어보고, 일상에서 과거의 기억이 아닌 설레는 미래의 기억을 가지고 살아가기 바랍니다.

5년 후

10년 후

20년 후

3. 강점 피드백 듣기

가까운 가족이나 직장 동료로부터 자신의 강점에 대한 피드백을
받아봅니다. 메일을 보내도 좋고, 직접 물어봐도 좋습니다. 어떠한
상황에서 그러한 강점을 발견했는지 구체적으로 들어보고, 내가
생각하지 못했던 점이나 느낀 점에 대해 작성해보세요.

4. 마음 피트니스 함께하기

이 책에서 다루었던 마음 피트니스를 배우자나 지인들과 함께해보는 것을 추천합니다. 이후 느낀 점도 공유하고, 더 나은 방법에 대한 생각 교환도 좋습니다. 누구와 함께 마음 피트니스를 공유하고 싶은지 떠올려보세요.

....

....

....

....

....

....

....

....

* 본 책에 소개된 리더십 및 마음 관리 프로그램과 관련하여 더 자세한 내용
  이 궁금하시면 https://bloom.company/mindtraining 사이트를 참고
  하시기 바랍니다.

젠틀마인드

2022년 3월 31일 초판 1쇄 발행

지 은 이 | 박정효, 우보영
펴 낸 이 | 서장혁
책임편집 | 장진영
디 자 인 | 지완
마 케 팅 | 윤정아, 최은성

펴 낸 곳 | 토마토출판사
주　　소 | 서울특별시 마포구 양화로161 케이스퀘어 727호
T　E　L | 1544-5383
홈페이지 | www.tomato4u.com
E-mail | edit@tomato4u.com
등　　록 | 2012.1.11.
I S B N | 979-11-90278-97-3 (03190)